はじめに～死情

映画評論を書き始めてから三〇年が過ぎた。『図書新聞』に足掛け二一年、映画批評の連載をしてきた。自ら打ち切った。

映画といっても、私の専門はVシネマだ。Vシネマへの想いが高じて『Vシネマ魂』というVシネマを撮った。監督した。二〇一〇年度から現在まで、雑誌『キネマ旬報』の年間ベストテン選考委員を続けている。

書店で映画コーナーに行くと、黒澤明、渥美清、高倉健、萩原健一、三船敏郎、最近では梅宮辰夫、樹木希林、松方弘樹などの死者で、もっというと亡霊で溢れ返っている。

私が二〇一三年に著した映画本『竜二漂泊　1983』(三一書房)も、その三〇年前に亡くなった俳優についての記憶と記録である。

そこに控えているのは、死だ。

外国ものでも、未だにブルース・リー、オードリー・ヘップバーン、チャップリン、ヒッチコックと、死者でこの世界が回っているかのようだ。

映画自体が過去を映すものであって、それが永遠であるかのような錯覚を起こさせている以上は、実際に俳優やスタッフが既に物故していても、やはり永遠に存在するということであろう。

死人を語り、死人で稼ぐのが映画の本質かもしれない。映画を語ること自体が死を語ることに同じだといっても言い過ぎではない。私が初めに連載した雑誌『映画芸術』も「追悼芸術」と揶揄されていた。映画の本は常に死に彩られている。

アメリカアカデミー賞より前に始まり、現存する中で世界一古い映画賞である雑誌『キネマ旬報』の「キネマ旬報ベスト・テン」号も、ベストテンを見るためよりも、物故者リストを手に入れるために買うという人を幾人か知っている。『映画芸術』が「追悼芸術」といわれるごとく、『キネマ旬報』もまた、本質は「追悼旬報」だ。『キネマ旬報』の年間一〇大ニュースに、新作映画の話題を抑えて、一九七七年決算号では、チャップリン死去が一位。二位もまたプロデューサー・城戸四郎の死去であった。映画を観ること自体が死を追っていることと同義の行為といえる。

Vシネマ最期の弾痕～骨は雨に濡れて～　目次

カバー写真＝俳優・武蔵拳（浅草・駒形橋にて）

プロローグ　萩原流行《はぎわらながれ》を知っているか

始まりは中野英雄だった。

酒を飲んでいて、頭に来たのだ。相手は、かなりの映画ファンである。年に二〇〇本ぐらいは映画館で新作を観る。しかし、中野英雄を知らない。いや、「知っている」といえば、知っている。一九九二年に「愛という名のもとに」という大ヒットドラマで評判をとる。「チョロ」というアダ名の役名で、証券会社でいじめに遭い、自殺してしまう。三〇パーセントを超える高視聴率ドラマの中で、この自殺シーンが最大の盛り上がりを見せて、伝説の人となる。その後いつの間にかお茶の間から消えた。劇場のスクリーンに現れるわけでもない。どうしたのか。どこに行ったのだ。Vシネマだ。同じテレビ画面のなかにはいた。皆、探そうとはしなかった。振り向かなかった。

そして久々に、皆の前に登場したのが、二〇一〇年に始まる北野武監督の映画『アウトレイジ』シリーズだった。まるで、『県警対組織暴力』で菅原文太に裸にされ、これでもかと痛め付けられる役で評判をとった川谷拓三の焼き直しであった。そこまでは、誰でも知っていることだ。

「愛という名のもとに」の主要出演者七人のうち、五人がVシネマに出ている。江口洋介は最初期の主演スター。洞口依子も、やはり初期に主演し、石橋保は長期シリーズ『本気！』の主演で人気実力を持ち合わせたスターとなった。さらに中島宏海は、Ｖシネクイーンの重要な一角を担い、エロスのほか、アクションも、姐御役もできる唯一無二のスターであった。若くして大御所の風格を湛えるまでに至った。なかでも中野英雄こそがＶシネマで八面六臂の活躍を今なお継続している大スター中の大スターなのだ。息子は今活躍中の若手俳優・仲野太賀だ。

まずは『裏盃の軍団』シリーズを観てほしい。Ｖシネマの中野は、とてもじゃないが、『アウトレイジ』連中のそれとは比べ物にならない強烈な中野ワールドと、その仲間たちを持っていることに気づくだろう。『三代目代行』も貫禄と、高倉健のもつような慎ましさを身に付けて、ザ・中野英雄ができ上がっている。『修羅の分裂』の中野英雄を観たか。動きが良い。軽くてリズムがあって、余裕もある。コンパクトで顔の表情が豊かだ。そして『半グレVSヤクザ』を観たか。中野の最高傑作だ。ひたすら渋い。歩き姿に惚れ惚れする。飛び抜けてカッコいいのだ。

かなりの映画ファンにさえ、中野英雄の活躍を知られていないことに、寂しい気持ちがした。結局、中野英雄を誰も知らない。

そして、監督の長谷部安春だ。『キネマ旬報』で、追悼記事が出たとき、Ｖシネマについて、あまりにも情けない扱われ方の記述だった。

渡辺武信による記事の「最後の部分」をそのまま載せる。

〈手軽に見れる資料に欠けているのは、彼が闘病中に「もう時間がない」といいつつも撮り続けていたと伝えられる（筆者は荒井晴彦経由で聞いた）レンタルビデオ対象のいわゆるＯＶ（オリジナルビデオ）である。このジャンルは晩年の長谷部の思いが込められているばかりではなく、テレビより禁忌が少ないだけに彼のけれん味が発揮された作品も少なくないと推測され、ぜひ見たいと思っているのだが、それができないのは心残りである。それらを見て長谷部の全仕事を回顧し再評価することが、最も適切な追悼だと思うのだが、今回は望蜀の思いを記すにとどまる他ない。〉

映画評論家のこの男は、いったい一九九〇年代に何をやって生きて来たのか。レンタルビデオ屋にも行かなかったのか。今だって、Ｖパラダイス、ＧＹＡＯ、Ｕネクスト、ネットフリックス、東映チャンネルほかいくらでもある。Ｖシネマを観たのだろうか。観る気がなかったのだ。長谷部を追いかける欲望もマグマもなかったのだ。そんな人間が代表して追悼している。いつでも気軽に観ることができたＶシネマ。

そして返す返すも惜しいのは吉田達である。東映の元プロデューサーだ。Ｖシネマの最大功労者といっていい男だ。本名は「とおる」と読むのだが、そう呼ぶ人間はいない。東映時代から、皆、「たつ」「たっちゃん」としか呼ばれない。達には、既に私の監督したＶシネマにも二〇〇二年に出てもらった。親友・南木顕生の遺作にも俳優として出演した。達こそがＶシネマ生みの親だ。

生前の達と電話で話すと、毎回必ず一時間を超えていた。『映画の奈落』（国書刊行会）の著者の伊藤彰彦が、ずっと取材を続けていて、吉田自ら語ったところによると『ナンバーワンになれなかった男　映画プロデューサー吉田達』というタイトルの本を用意していた。だが一年経ち、二年経ち、出版されないと歯噛みしていた。

ナンバーワンになれないというのは、こうだ。東映任侠映画の第一弾として名高い『人生劇場　飛車角』では、のちに東映社長となる岡田茂の次にクレジットされ、岡田ばかりが注目される。高倉健の『昭和残侠伝』シリーズなら任侠映画の雄・俊藤浩滋の二番手となる。角川映画・東映配給の『人間の証明』では、もちろんトップが角川春樹である。東映で当てた『宇宙戦艦ヤマト』に至っては、完全に西崎義展に持って行かれる。常にナンバーツーとなった。だが達には、深作欣二の『仁義の墓場』があり、『不良番長』シリーズがあり、そして何よりVシネマではナンバーワンだった。ある意味では、東映を追い出される結果となったので、Vシネマでもまた、日活からやって来て居残った黒澤満の、やはり二番手に成り下がったと思われている。

黒澤満が亡くなり、各紙誌で大々的に取り上げられ、各映画館でプロデューサー「黒澤満」の追悼上映がされた。一方の吉田達はどうか。NHK「アナザーストーリーズ」でVシネマ特集されたときに、最も中心人物といってよかった吉田達が、まるで無視された如くに、隠れた存在となっていて、黒澤満がフィーチャーされていた。テレビ画面を見ながら、歯噛みしている私がいた。吉田達の考案した「Vシネマ」という語を、渡辺亮徳自らが出演し「私が作った」といっている。VシネマのVは、ビクトリーのVだ。吉田達のビクトリーは消されてしまった。

また、松方弘樹だ。「オリコンニュース」での訃報は、以下の通り。

〈俳優の松方弘樹（本名：目黒浩樹）さんが、脳リンパ腫のため今月二一日に死去した。七四歳だった。（中略）六〇年に東映に入社し、主演作『十七歳の逆襲・暴力をぶっ潰せ』でデビュー。『赤穂浪士』『次郎長三国志』など時代劇を中心に二枚目スターとして人気を得る。主な出演作は映画『眠狂四郎円月殺法』『仁義なき戦い』『江戸城大乱』、ドラマ『HOTEL』『サラリーマン金太郎』など。俳優のほか、バラエティー番組『天才・たけしの元気が出るテレビ!!』ではコミカルな一面も見せ、話題を呼んだ。幼少期からの釣り好きを生かし『松方弘樹・世界を釣る!』をはじめ数々の釣り番組を持ち、マグロの大物を釣るたびにニュースとなっていた。〉

ここに書かれている『江戸城大乱』は一九九一年の作品だ。死の二五年以上前の作品が、最後に記された映画作品なのだ。イメージとしての晩年は、完全にテレビの人ということになる。だがそうではなかった。二〇〇〇年以降に松方は、Vシネマで、『仁義なき戦い』から始まった実録ヤクザ映画時代以来の二度目のピークを迎えていた。

何しろ、二〇〇〇年以降の松方にとって、映画らしい映画は二本のみであり、これがどちらもVシネマがらみである。一本は自ら監督したものだが、製作は「Vシネマ」の東映ビデオで、「映画」の東映ではない。Vシネマの主演で力をつけた松方が、満を持しての監督作であった。もう一本は、Vシネマからのし上がった三池崇史監督の『十三人の刺客』で、この二本を含めて、映画は一四本。だが、Vシネマは、現在も続く「日本統一」シリーズの二〇一六年『列島分裂――東西10年戦争』にまで出ており、二〇〇〇年から二〇一〇年の黄金期には、Vシネマに九四本出ているのである。そのほとんどが堂々たる主演。客演でも「止め」であり、またラスボス（最後の悪役）であった。最後まで何でもこなした大物俳優であった。

約一〇年で一〇〇本のVシネマに出た松方は、一九七四年一月一五日公開の『仁義なき戦い』第一作から、Vシネマに出る直前二〇〇〇年二月一九日公開映画『GEDO』までの二六年間で出演した映画の総本数は、四六本である。しかも四六本目の『GEDO』は、初期のVシネ四天王の一人中条きよしが主演。Vシネマの括りといえる。この作品の脇役で出て、後に堂々主演で、Vシネマに現れるのである。

伊藤彰彦著『無冠の男　松方弘樹伝』(講談社)のフィルモグラフィーを見ると、劇場公開されたかどうかの『キネマ旬報』基準で、出演作品が羅列されている。Vシネマも劇場公開されたものが載っている。本文で取り上げられた渡辺武監督や望月六郎監督のVシネマ作品は、載っていない。

Vシネマの一〇年間で、映画の二六年間の二倍の本数に出た松方弘樹。これを語らずして、松方の俳優人生は見えない。

そして萩原流行だ。ハフポストでの訃報記事は、こうだ。

〈俳優の萩原流行(はぎわら・ながれ、六二)さんが、四月二二日夜、東京杉並区でバイク事故を起こし、死亡した。(中略)萩原さんは一九五三年、東京生まれの六二歳。一九八二年につかこうへいさんの劇団に入り、映画「蒲田行進曲」、「里見八犬伝」、ドラマ「独眼竜政宗」などに出演。個性派俳優として活躍した。〉

結局これだけなのである。Vシネマでどれほどの俳優であったのかが、多くの人には知られていない。萩原流行は、実は最大の悪役スターであった。「Ｖシネマの帝王」哀川翔の最大のヒットシリーズ『修羅がゆく』。Ｖシネマとして劇場公開され、それが日刊スポーツの横一面広告もされるというとんでもないシリーズの最強・最恐のラスボスであった。

怪演という言葉は、萩原流行の『修羅がゆく』のためにある。かつての東映任侠映画、そしてＶシネマ、さらに最新のＶシネマの悪役ランクを六段階に分けて、各五人ずつ代表的な俳優を選ぶと、次頁のようになる。萩原流行は、Ａランクのトップに君臨していた。

Ｖシネマとは何か。一九九〇年代に狂い咲いた徒花のような、映画と呼ばれない映画のことだ。劇場公開されないことから「映画ではない」とされてきた。だが映画である。実際には、アリバイ作りも含めて劇場公開されたものも多い。紛れもなく映画であった。レンタルビデオ店が消え、ネットシネマが現れ、その存在があったことさえ忘れ去られ、関わった人間たちは、無数の非業の顚末を辿っていった。この本は、今さらながら、彼らへのレクイエムである。知っている人が、知られている人だけの間で知られているだけで、それで果たして良いのだろうか。それは人による。だが、この人は少なくともそうではないという人がいる。

萩原流行。悪役ランキングの東の正横綱であった。そのことを誰も知らない。

この悪役の歴史上、最も切れ味鋭く演じた、それもＶシネマという土壌で見せ切ったのが、萩原流行であった。

せめて、そのことを記したかった。

東映任侠の悪役

A　遠藤辰雄、河津清三郎、安部徹、内田朝雄、諸角啓二郎
B　渡辺文雄、金子信雄、小松方正、小池朝雄、佐藤慶
C　天津敏、今井健二、名和宏、山本麟一、成田三樹夫
D　関山耕司、潮健児、汐路章、曾根晴美、沢彰謙
E　高宮敬二、藤木孝、八名信夫、砂塚秀夫、川谷拓三
F　志賀勝、成瀬正孝、岩尾正隆、北山達也、小林稔侍

Vシネマの悪役

A　萩原流行、清水紘治、高松英郎、松方弘樹、本郷功次郎
B　須藤正裕、安岡力也、山本昌平、綿引勝彦、渡辺哲
C　片桐竜次、六平直政、西岡徳馬、成瀬正孝、平泉成、
D　小沢和義、遠藤憲一、松田ケイジ、寺島進、高橋和興、
E　下元史郎、宇梶剛士、坂田雅彦、水上竜士、木下ほうか
F　殺陣剛太、中山一也、鴈龍太郎（奥村雄大）、
羽村英、武智大輔

新世代Vシネマの悪役

A　加納竜、岡崎二朗、堀田真三、下元史郎、誠直也
B　古井榮一、川原英之、野口雅弘、奈良坂篤、桑田昭彦
C　飛野悟志、ＳＨＵ、宮崎貴久、千葉誠樹、新井康弘
D　中野裕斗、水元秀二郎、松山鷹志、樋口隆則、倉見誠
E　木村圭作、猪瀬孔明、北代高士、勝矢、岡田謙
F　高原知秀、城明男、ハチミツ二郎、辻つん（辻裕之）、
浅生マサヒロ

そして二〇二二年五月三日、渡辺裕之の訃報だ。

どの記事を読んでも、Ｖシネマについては一行も書かれていない。大正製薬「リポビタンＤ」のＣＭと、最高齢仮面ライダーと、テレビドラマ「嵐」シリーズの記述ばかりだ。

渡辺裕之は、Ｖシネマ最初期に、哀川翔、竹内力、中条きよしと並ぶＶシネマ四天王であった。そのまま、死の直前までＶシネマ「日本統一」シリーズその他で、大御所役として出ずっぱりであった。

Ｖシネマの中に彼はいる。

せめて、「パチスロ浪花梁山泊」シリーズを観てくれ。

その1

淀川長治《よどがわながはる》〜映画評論家の慟哭《どうこく》

死について、最初に深く考えたのは、一九七七年のチャップリンの死である。

チャールズ・スペンサー・チャップリン。一九七二年アカデミー賞名誉賞受賞時に、会長より、「チャップリンは映画用語の一つ」といわれた。そして二〇二二年のカンヌ映画祭開幕式では、ウクライナの元コメディアンのゼレンスキー大統領が、チャップリンの『独裁者』を引き合いに「今こそ、新たなチャップリンが必要だ」と呼び掛けた。

この一九七七年には、セックス・ピストルズによる「パンクロック」という巨大な異変が世界中に旋風を巻き起こしていた。ピストルズは、アルバム『勝手にしやがれ』をレコーディング中の八月一七日に、ラジオから流れてきたエルビスの訃報を耳にする。エルビスとは、あの「キング・オブ・ロックンロール」エルビス・プレスリーである。だが、ピストルズの面々は、誰ひとり悲しむこともなくダビングを続けたという。

プレスリーは、一九五〇年代の人であり、ビートルズ以降の洗礼を受けたロックキッズにとっては、「もう終わった」と思われていた。一般の日本人にとって、それはさらに加速し、過去の人というよりも、忘れ去られた存在だった。いや、醜く太ってドサ廻りをやっている歌手。日本風にいえば「昔の名前でディナーショーの大御所歌手」というイメージがあった。ラスベガスで演っているというのも、もう若い聴衆相手ではなく、ロックとは無縁の「金を持った」頭の固くて古い奴ら相手に、ビール片手に気軽に聴ける、ロックといえないようなものをニヤニヤしながら演っているのだろうぐらいに思っていた。

ところがまだ四二歳で、年間三〇〇ステージ以上のツアーを敢行し、死んだこの一九七七年も全米ツアーのチケットは完売していたという。その死は単に処方された薬の服用を誤った結果で、マイケル・ジャクソンの最期と似ているが、そのときのマイケルはもう五〇歳だった。

暴走族ブラックエンペラーの元総長だった宇梶剛士は、少年院で、母が差し入れしてくれた『チャップリン自伝』（中野好夫訳／新潮社）に感動する。自分もこうなりたいと思った。それが俳優となるきっかけだった。宇梶は自分にとっての「バイブルだ」ともいっている。そしてＶシネマの最大の帝王・小沢仁志もまた、この『チャップリン自伝』を読んで、俳優を目指した。

実は二人とも、私と同じ一九六二年生まれの同学年だ。当然私も買い、私にとっても、限りなく映画への道を加速させた本である。なぜ、こういうシンクロニシティが起きるのか。おそらく、皆同じ理由であったはずだ。

当時活躍していた映画評論家の淀川長治の存在である。彼が全盛期をとっくに過ぎたチャップリンを、この時代の日本のティーンエージャーに、生き方の指標として植え付けたのである。私にとっての始まりはＴＢＳラジオで一九七三〜八一年に放送された『淀川長治のラジオ名画劇場』だった。

プレスリーが死んだときに、リベラルだと思われていたカーター大統領が、ちょうど演説中にその訃報を知らされ、「チッ」と舌打ちをした。それほどに、プレスリーは、白人大統領にとって、ティーンエージャーの不良以外には「受けの悪い」苦々しい存在でもあった。

逆に、かつてオリンピックメダルを川に投げ捨てたモハメド・アリの訃報に、オバマ大統領は追悼の意を表した。「彼は世界を揺さぶった」と。一九六二年のビートルズおよびブリティッシュ・インベンション出現以降は、レッド・ツェペリンを頂点とするハードロックからグラムロック、そしてパンクロックへと雪崩れ込んでいく「ロック世界」の一五年間において、その黎明期、既にキングとなった男は、まだ四二歳という若さで、現役で歌っていた。その年齢からよく考えると、プレスリーは、まだまだ大きな可能性を秘めた存在でもあったのだ。その死に対して、中学三年の私は、「まだ生きていたのか」と思った。

ところがチャップリンである。もう死が近いはずのチャップリンについて、「もう死んでしまうのか」と思ったのである。死の直前にブームにまで呼び起こし、その存在を教えてくれたのは、このラジオでの淀川長治だった。

一九七六〜七八年に、「チャップリン小劇場」と銘打ったチャップリンの映画がＮＨＫで放映されていた。一九七二年に始まる「ビバ！　チャップリン」という映画館での回顧上映は、その後何度も続き、札幌では、シネマアポロン、テアトロピッコロなどで、一九七九年頃まで続いた。この間の一九七七年の一二月末に公開された『放浪紳士チャーリー』はヒットし、この上映期間中にチャップリンは死ぬ。映画館でその訃報が流れ、観客はすすり泣いたという。その背後には、淀川長治がいた。

静かな物言いの淀川の映画解説には、映画の歴史をチャップリンと共に背負ってきた貫録と佇まいで、絶大な説得力があった。特にこの年亡くなったチャップリンについては、ライフワークともいえる『私のチャップリン』（ＰＨＰ出版）という本を二年がかりで八月に書き上げ、九月二〇日に出版した。人が人に狂おしく、むしゃぶりつくように、我が身を文字に乗り移らせた。

淀川長治にとってチャップリンは、おしゃべりで既にその半生以上をかけて語り尽くした存在だったが、書き言葉で残すという作業はいかにもつらかった。しかし力作がつづれ織りされた。大著でありながら軽妙に、深く濃いことを読みやすく、その死を予感したかのように一文字一文字がチャップリンに捧げられた。そのような大事業期間中のチャップリンの死であった。

私は驚いたのである。爺イだと思っていたプレスリーが、驚くほどに現役感バリバリであったのに対し、映画の中の放浪紳士、ちょび髭に山高帽のあのチャーリーを普通に想像していたはずなのに、新聞に載っていたのは、恰幅のいい白髪の爺さんであった。その写真を見て、私は、黒いマジックで、顔を塗りつぶした。

「こんなのチャップリンじゃない」

当時まだ生きていた私の祖父より二〇歳も年上の八八歳だったのだから、それはもう、老人もいいところである。映画の中のお惚《とぼ》けな紳士とは違うにきまっているのである。そのギャップで、私は酷く悲しみ、泣いた。おそらくそれは、淀川長治の悲しみが、ラジオを通して、風邪のようにうつったのである。

死は無残で嫌なものだと思った。四二歳の早い死も嫌だが、八八歳の遅い死も、どちらも嫌だなと思った。その後主に映画人のたくさんの死を目にし、耳にするのだが、何一つ良い想い出はない。生き残っている者に対し、禍根のようなものを遺すように思えたからだ。

死を語ることは、ひとつの恨み節である。死者を讃えているわけではなく、ただただ無念をぶちまけている。無念。これが私のルーツなのだと、今さらながら思う。

淀川長治に会うことはなかったし、会いたいわけでもなかった。無念を抱えている者を想像することは後からでもできる。

手元の『私のチャップリン』という本には、当時の私の書き込みがある。当時、家に遊びに来て、毎回「チャップリン小劇場」を見ていた四歳の近所の子のフレーズだ。三回繰り返している。

「美和ちゃん、チャップリン見るんだも。美和ちゃん、チャップリン見るんだも。美和ちゃん、チャップリン見るんだも」

慟哭というのは、はじめから切々というようなものではなく、淡々と、およそ涙とは無関係な始まりで、突如として、抑えていたものが一気に吹き出してくるものだ。これほどまでにも傷つく人がいるのか、ということを思い知らされた。その死を知らない美和ちゃんの明るいフレーズが沁《し》みた。淀川長治の慟哭を、ラジオから聴いた。

『私のチャップリン』の「まえがき」は、いきなり、こう始まる。

〈これはチャップリンの伝記ではない。いうならば、チャップリンの雑記帳である。しかし、この雑記帳は私の手の指の一本一本をむしりとってゆくように痛く、つらく、はがゆいものであった。痛くということは私の全身と心のすみずみにまでしみついた（チャップリン）をはがしてゆくことの苦しみであった。〉

〈連日ペンの先がはかどっていたのではない。ペンが止まっては一ヵ月、止まっては二ヵ月というわけである。つまり好きすぎると書きようがない。本気で尊敬すると書けないということも知った。〉

『マザー・スカイ　きみは悲しみの青い空をひとりで飛べるか』という森田童子のアルバムが、前年末に発売され、その中の一曲に『男のくせに泣いてくれた』という作品がある。よく聴いていた。

　♪いつか寂しい季節の風を頬に知っていた

　男でも泣くのではなく、六八歳の年寄りでも、こんなに泣くものなのかと思ったのである。逆に、若い人間は泣くことができない。若くては泣けないのだ。

チャップリンは、私が『私のチャップリン』を読んでいる時に亡くなった。そういうことが私にはよくある。プロレスラー木村花も、彼女が出演中のドキュメント・バラエティーに私が熱狂している時に亡くなった。田宮二郎もまた、「白い巨塔」出演中に亡くなった。木村花と同じ自殺だった。最終回は、そのまま放映された。『ブラック・レイン』の松田優作、『竜二』の金子正次、『大鹿村騒動記』の原田芳雄、皆、公開中に亡くなっている。

淀川長治自身がそうだった。死の前日まで、「日曜洋画劇場」を収録した。その週の日曜日、そのまま放送された。

私の文体は、いろいろな人に例えられるが、実際は、誰にも似ていない。だが、似ているとすれば、この淀川長治の語りにあると思う。

「サヨナラ、サヨナラ、サヨナラ」と三回繰り返すそれである。なぜ三回繰り返すのか。私にはわかる。私も、〈強くて、強くて、強かった。〉というような文をいくつも書いてきたからだ。『私のチャップリン』にも、こんな記述がある。

〈チャップリンこそが私に人生の何たるかを教えてくれた。チャップリンこそが私に働くことの美しさを教えてくれたのだ。そしてチャップリンこそが私に映画を愛するその執念を摑ませてくれたのだ。〉

私も、同じフレーズをしつこく使う。編集者から、「あまり良くない」と指摘されても、書いてしまう。それがなぜなのか、どこがどの程度しつこいのかについても、三〇年書いてきて、もう麻痺している。

愛して、愛して、愛し止まなかった。つまりは、そういうことなのである。チャップリンを愛する淀川長治。計り知れないエネルギーをかけて、映画に立ち向かい、チャップリンに立ち向かう。

映画評論家になろうと思ったことは一度もない。書いてはきたが、映画評論家である自覚はずっとないままに生きてきた。淀川長治と同じ職業を生きていると考えたことも未だにない。ただ、今思うと、淀川が、語り、書いて、伝えようとしたあのどうしようもない、狂おしいほどの想いの塊は、中身は随分と違うけれども、私にも同じくマグマのように体内で、心の内で、荒れ狂い、ジタラバタラと煩悶しているのである。

つらい現実を生きる者は、死者と語っているのではないか。そのことによって、つらい現実自体が、死者に向かって語るべき意味を帯びてくる。それぐらいでなければ、現実は生きるに値しない。

その2

我王銀次《がおうぎんじ》～間違いなく生きている

高校を卒業し、三年浪人するも、大学にはいかなかった。いや、落ちた。一九八五年の阪神タイガース優勝を見届け、大阪をあとにした私は、一九八六年、札幌そごうで今川焼を焼いていた。一九八七年千葉県船橋に引っ越し、イトーヨーカ堂で喧嘩して飛ばされ、千葉三越に赴任し、そこの社員と駆け落ちする。どこにしようかなと、土地勘もなく、見知らぬ関東の地図を広げる。アダルトメーカー「ＶＩＰ」との兄弟会社「東洋企画」の埼玉のダビング工場に就職し、レンタルビデオの世界を知る。一九八九年東映Ｖシネマが開始されたときには、ダビング工場にいた。一九九〇年ビデオレンタル問屋「サンコーシステム」に転職する。そこで、ミニコミを発行し、各レンタル店に月刊で配布された。雑誌『映画芸術』の座談会に呼ばれたのが一九九一年。Ｖシネマの連載が始まる。この時Ｖシネマで、最も暴れていた若きリーダーの一人が、我王銀次であった。

数々の浮名を流していたリンダ・ロンシュタットへの対抗か、同じくカントリーシンガーとしてデビューしたオリビア・ニュートン・ジョンが、レオタード姿のＰＶで『フィジカル』を出しても、所詮はお嬢さん。惹かれるような不良性に欠ける。ブロンディのデボラ・ハリー、フリートウッド・マックのスティービー・ニックス、ユーリズミックスのアン・レノックス、パット・ベネター、マドンナなどと違って、綺麗であってもセックスシンボルにはなれないタイプだ。同じように、ストリート・スライダースの村越弘明や風来坊のササキカズヤといった本物の「不良」の線を諦めた、横浜銀蝿や、高原兄などと同じように三の線を狙ったのが、インテリ・ヤンキー我王銀次だった。

一九八四年の『魔女卵』ですでに、劇団「大阪バトルロイヤル」の二枚看板、我王銀次と殺陣剛太は、銀幕デビューを果たし、共に、『ビー・バップ・ハイスクール 高校与太郎音頭』で、大ブレイクする。実は「ビーバップ」は、Vシネマのプロローグとして存在し、そのスターたちは、次々とVシネマに主演していく。仲村トオル、清水宏次朗、宮崎ますみのビーバップトリオの三人はそれぞれ看板として、本家の東映Vシネマで主演シリーズを持ち、当然のごとくに、各社のVシネマ群には、我王銀次と殺陣剛太もまた、異色の敵役として、雪崩れ込んで行くのである。そして疾走する。

だが時代が悪かった。どこか当て嵌まり、どこか嵌まりきらずに燻ぶっていた。一九九三年のVシネマ『どチンピラ』を遺作に、我王銀次は白血病で死去する。同時期に白血病で入院していたのが、のちにハリウッドのスターとなる渡辺謙であった。角川春樹の肝煎りだった渡辺と、Vシネマにカツカツだった我王では病室の金額が一〇倍以上違ったという。

我王の、パラノイアにも見える、照れ臭さだらけの、その「おふざけ」の過ぎたキャラクターは、ツッパリやんちゃムービー、不良ヤンキー喧嘩映画の雄でありながら、フェミニストの上野千鶴子がいち早くファンになりそうな、心優しきVシネマの、愛されるスターであった。

その場だけの怒りならば、だれでも表すことができる。だけど、我慢して、溜めて、覚めて、冷えたときに表現するそれは、勇気がいる。そんな本物の爆発が期待できる数少ない役者だった。その完成した姿を観る前に、我王は逝ってしまった。


あれから三五年がたち、一冊の本が出る。

『映画「ビー・バップ・ハイスクール」血風録～高校与太郎大讃歌』（名和広著／タツミムック）。

『キネマ旬報』に、書評を書いた。

〈あの日あの時、名門校、或いは無名の高校で、レギュラーとして、補欠として、マネージャーとして、監督として、あのグラウンドに出場し、闘った者たちの夢語りの記録。彼らの三〇年後の、「今」の顔が出ている。生き生きと、或いはある者は草臥れているようにも見える。死んだ者もいる。色褪せてこそ卒業写真。〉

後日、殺陣剛太に会った。

「良かったね。あの写真」

殺陣剛太と、我王銀次と、そしてもう一人、今やVシネマの真の帝王、小沢仁志との三人のドでかいポスターが、本に載っていた。殺陣剛太の部屋の壁に、昔から貼ってあった。殺陣は、結婚して、離婚した。名前を本名に変え、また元に戻した。

笑っていた殺陣剛太。相変わらず燻ぶっている。六本木の安い居酒屋。

しかし殺陣の顔は、良い顔だった。

我王銀次は、間違いなく生きている。

二〇二〇年一〇月。殺陣からNHKドラマを見てくれとメールが来る。人気女優・浜辺美波主演の「タリオ　復讐代行の二人」だ。もちろん殺陣は脇役である。日本一冴えない脇役である。

いや、松本潤主演の二〇二二年お正月映画『99・9――刑事専門弁護士　THE　MOVIE』にも強烈な役に抜擢され、テレビのクイズ番組「クイズ！脳ベルSHOW」にも登場した。そして安倍元総理の死去後、子ども向け戦隊もの「暴太郎戦隊ドンブラザーズ」にも進出。

殺陣。走れ。疾走しろ。還暦過ぎて、我王の海を泳ぎ切れ！

その3

西村潔《にしむらきよし》〜死ぬにはまだ早い

Vシネマが生まれて、レンタル市場で大爆発を起こし、百花繚乱の如き作品群とともに、私しか知らない世界を評論し、映画評論の空白を一人で埋めるかの如く、観まくって、書き飛ばして、かつ売りまくって、満たされていた。

その中には、ホンペン（本編）といわれる劇場で公開される「映画」からやって来た巨匠がかなり混じっていて、彼らこそが、Vシネマの活況を底上げしていた。その一人が西村潔であった。

映画を貪るように観ていた西村潔は、もともと映画界に入る気はなかった。一橋大学同期の親友・石原慎太郎が映画会社の東宝を受験する際、西村も一緒に受け西村だけが合格した。

黒澤明や川島雄三、成瀬巳喜男などの助監督を務めたのち、満を持して三六歳で監督としてデビューした西村潔。デビュー作『死ぬにはまだ早い』から三年と一〇カ月で、七本の快作傑作を撮り、一気に駆け抜けていく。

だが「好事魔多し」。次の第八作、一九七三年のお正月映画で躓く。オクラ入りとなるのである。

主演の中村敦夫がテレビドラマ「木枯らし紋次郎」で絶頂期の時代に、同じ原作者笹沢佐保の原作脚本での映画化であった。大ヒット間違いなし。時代の寵児になる……ハズであった。

「多重映画脚本家」桂千穂のデビューは、西村の第七作目『薔薇の標的』である。同時上映はなんと、同じ西村潔監督の第六作『ヘアピンサーカス』だ。

桂はしかし、これこそが自分の単独名でのデビュー作といって憚《はばか》らないのが、次の第二作『白鳥の歌なんか聞こえない』（監督は渡辺邦彦）の方である。デビュー作の『薔薇の標的』への不満を、その後約五〇年にわたって語っている。

結局西村潔は、『薔薇の標的』のあと劇場公開できた作品は、五年後の三浦友和主演の青春映画『青年の樹』である。それでも、後に同じ三浦友和を主演に、アラン・ドロン主演のフランス映画『冒険者たち』を原案とする『黄金のパートナー』で、西村は再びアクションに返り咲く。

西村作品がデビュー作の桂千穂が脚本で、やはり『冒険者たち』へのオマージュ作品『冒険者カミカゼ』が二年後に登場し、こちらの方が『黄金のパートナー』以上に話題となる。西村はこの後、五年以上撮れない。次に撮ったのが人気絶頂の松田聖子主演のアイドル映画『夏服のイブ』である。このとき西村は五一歳であった。

そして、遺作となったのはさらに七年後のVシネマ『マドンナの復讐』である。主演の林美里は泣かず飛ばず、香奈美里と名を変え、ヌード写真集を出し、再びVシネマにも出るが、消えていく。脚本の酒井あきよしは、タツノコプロで「科学忍者隊ガッチャマン」や「ヤッターマン」の脚本を書いてきた脚本家。実写映画は、この『マドンナの復讐』のみだが、ドラマでは、前年の火曜サスペンス劇場「悪夢の五日間」で西村潔と組んでいた。主演は山城新伍で、『マドンナの復讐』にも出演している。Ｖシネマとしては平均的な制作費六〇〇〇万円であったが、かつての東宝砧撮影所でのスタッフその他の環境とは違う。オクラ入りを含めて西村潔は、生涯一四作品を遺した。

一つ、書き加えておくことがある。Ｖシネマに流れて来る映画人の多くに共通するものに「スキャンダル」というものがある。大物俳優松方弘樹がＶシネマで活躍を始めるのも、離婚騒動からである。田代まさししかり、清水健太郎しかり。いずれも受け皿としてのＶシネマが「温かく」迎え入れたのである。

西村は、一九八七年に盗撮事件を起こす。

親友の石原慎太郎の「男の業の物語」（『ＧＯＥＴＨＥ』）には、こう記されている。

〈映画界の不況の中でのアルバイトで手助けした香港の日本についての記録映画で、日本の銭湯の実態を撮影するために女湯を覗いて設置したカメラの映像を取り戻しに行った時つかまってスキャンダルにされ映画界を追放されてしまった。そして間もなく彼は葉山の長者ヶ崎の海岸で展望台の椅子に遺書を残して海に入って自殺してしまった。遺書には『俺はこの世に来るのが遅すぎた』とだけあった。〉

「間もなく」とあるが、事件の四年後にＶシネマを撮っているのである。そこが書かれず飛ばされている。西村潔は、Ｖシネマではなく、テレビドラマでお茶を濁していく。Ｖシネマには、「まだ」西村の場所があった。アクションが好きな俳優たちが、待っていた。小沢仁志も、竹内力も、そして哀川翔も、「スキャンダルに強く」「怪我にも強い」足の速い連中が、今か今かと頭角を現し、駆けずり回って待機していた。西村を待っていた。

「合掌」とか「ご冥福を」とかいう言葉は、本来の私は好まない。だから、使いたくない。だけど、『マドンナの復讐』に余りにも期待した私は、どうしてもそういう言葉になってしまう。

『映画芸術』一九九一年冬号で西村潔は、「Vシネマについて」と題して、こう書いていた。

〈映画のアクションということは、困難な状況を主人公が行動を起こして解決し、解放されることだ、と理解している私としては、作り手としては、作品を作ることで、私の中にたまっている、何かへのいらいらを解放することであり、（中略）とにかく、私としては、今度のVシネマに全力投球し、また充分に楽しむつもりで撮入を待っている状況である。〉

一九九三年一一月一七日、入水自殺。六一歳。

デビュー作は『死ぬにはまだ早い』であった。

〈Vシネマに全力投球し〉たのである。

その4

可愛《かわい》かずみ～魅入られたアイドル

都倉俊一が、可愛かずみの歌の作曲をしている。

彼が作曲する女性歌手は、広範囲に見えるけれども、実際はかなり似たタイプのアイドルだ。可愛かずみがその中の一人として存在するのは、まさにその一群にぴったり当て嵌まるからだと私は考える。

都倉俊一は、ピンクレディーと山本リンダ、そして初期の山口百恵とが代表的な楽曲提供歌手といえる。だが、彼が得意とするのは、というか好みのタイプであろうが、それはその代表的な三組の歌手ではない。もっと派手目で、サーファー系の髪に擦れっからし風の出で立ちでありながら、ビジュアルはその後に現れるギャル系とは一線を画すレベルの高さがあり、意思を持った遊び人というか、軽薄そうだが芯が強い一九八〇年代前半までで終了した独特の魅力を放つアイドルタイプである。

都倉の妻となった大信田礼子、ピンクレディーの増田恵子なども、広くいえばそのタイプだ。また、浅野ゆう子、岡田奈々、香坂みゆき、倉田まり子、南野陽子などにも楽曲を提供している。

同じ時代の「スター誕生!」に審査員として出演していた作曲家は、都倉のほか、森田公一と三木たかしである。歌手が全曲を特定の作曲家に任されていたわけではないので、同時代に活躍していた三人の作曲家は「被り」もするが、楽曲提供先の方向性が各々違う。

森田公一でいうと、天地真理、アグネス・チャン、中期の桜田淳子、初期のキャンディーズ、ザ・リリーズ、和田アキ子などだ。北海道の北の果てに近い留萌の出身である森田は、地方や海外から来た、あるいはまだ芸能界になれない「おぼこい」タイプの歌手を大事に育てるといった風情がする。すでにでき上がっている都会のセンスをさらに磨き上げていくタイプの都倉俊一とは違う。

また三木たかしは東京生まれだが、極貧の育ちである。『天使の誘惑』がヒット中の妹で歌手の黛ジュンへ提供した『夕月』のさらなる大ヒットで名をはせる。以後は、あべ静江、石川さゆり、西川峰子、伊藤咲子、清水由貴子、岩崎宏美、片平なぎさ、そしてテレサ・テンだ。でき上がっている素材をいったん壊して練り直し、再び作っていくタイプに見える。

都倉俊一が、コンビとなる作詞家の阿久悠とともに、デパートに行った時のことだ。阿久悠は、淡路島出身で、大学入学とともに上京し広告会社勤務をしながら作詞を始めた。

外交官の息子である都倉は、四歳からピアノを習い、ドイツに二度の音楽留学をして、学習院大を卒業の坊ちゃんであった。都倉が売り場で、香水を選んでいるのを、横で阿久悠は見ていたという。一つ、また一つとサンプルを出してもらっては匂いを嗅ぐ。好みではないといっては、次の香水を出してもらい、全種類を嗅いだという。そこまでするると、阿久悠の感覚からすると、申し訳なさもあり、どれか一つ手頃なものを決めて買うという。私もそうだ。だが、都倉は、「気に入ったものがない」といって、そのまま何も買わずに売り場を去ったという。その坊ちゃんぶりが阿久悠にはショックだった。

アイドル歌手でもないのに、そんな都倉のお眼鏡に適った「歌手」としてセカンドアルバムの一曲だが、売り出す目論見がなされたのが、可愛かずみである。それだけ「既に磨きのかかった」良い素材であったのだ。

しかし可愛は、都会のセンスはあっても、出自は、大手プロダクションではなく、モデルクラブであり、怪しい映画製作メーカーのお抱えである。デビュー作の日活ロマンポルノ作品も細かいことをいうと、日活の買い取りであり、製作は日活ではなく、独立系のピンク映画製作会社である。

本当は、歌でいえば、森田公一や三木たかしに育ててもらった方がよかったわけで、映画にしても中途半端な入り方をして、テレビでは、バラエティー「オレたちひょうきん族」やコメディドラマ「トライアングル・ブルー」など本格派の匂いを出せず、歌も適度にうまく、才能を持て余しているように見えた。そこで最後に向かった先は、Vシネマであった。

しかしそこは、ヒエラルキー的に「下」に見られ、下から這い上がって来る者と同時に、かつて大物だった「元」の人たちが失敗してやって来る場でもあった。

ロマンポルノへ移った女優田中真理、「ポケットビスケッツ」でブレイクする千秋、アイドルグループ「Ｆｏｌｄｅｒ」から転身する満島ひかりなど、異性を射抜く鋭い瞳の女優系列に、可愛かずみも含まれるが、貪欲さが薄いのか、その鋭さは不足しているように見えた。

ＡＶ女優出身でＶシネマでも活躍を見せた、そして芸能界の平均レベルをはるかに超える頭の良さを持っていた、林由美香も飯島愛も皆、その聡明さゆえか「遠慮がち」な面が見えた。エスタブリッシュメントには入ることができずに、死んでいった。出自のＡＶは消えなかった。

作家のアラン・シリトーが、風邪に罹《かか》っても、「それは社会のせいだ」といって生きていくと宣言していたように、林由美香も飯島愛も、「日本の差別社会に殺されたのだ」とは言い過ぎであろうか。不正を許さないぞ！　と最後まで取り込まれずに闘う人間は、よほどに忘れられない悔しさを根に持っている人間か、もしくは、以前の「有った」状態から失って、喪失というものを知っている者である。ヒエラルキーに対し、転覆や崩壊を仕掛けられるのは、下位に位置する者だけである。

吉永小百合は、銀行のＣＭには出ても、サラ金のＣＭには出ないだろう。地上アイドルは地下アイドルを知ろうとしない。それは、人間には役割の上で、格の違いがあるということだ。ヤクザ映画で、悪い奴の殺される順番が決まっているように、ラスボスが途中で殺されたりはしないし、チンピラが最後まで残っていることもない。だが、吉永のサラ金ＣＭ出演不可が、今でも通用するのかは別だ。

松方弘樹がテレビの通信販売番組に起用され、岡田茉莉子がミニシアターの入り口で占い師が占うような机を前に自著を売り、島田陽子が脱ぎ、三田佳子が『シベリア超特急』に主演し、仲代達矢が「役者の戒め」として語っていた再現ドラマに自ら出る時代だ。もはや何でもありのルール無用の世の中ではないか。

だが、ネットフリックス『全裸監督』でバリバリ脱いでいた恒松祐里と森田望智は、NHK二〇二一年前期の朝ドラ「おかえりモネ」に堂々レギュラー出演している。恒松は、総務省のポスターにも起用されている。

ライブドアが、プロ野球球団買収に名乗りを上げたときに、「格」として不適当といわれた。時間外取引をするような怪しい会社というよりも、単に歴史の無さとその目立った「新しさ」ゆえであろう。

プロ野球界を代表するスター選手となる清原和博は、ドラフトで意中の名門球団「巨人」から指名を外され涙を呑む。それでも回り回って念願の巨人に移っていく。清原の年齢による衰えもあり、激しいレギュラー争いの中で、中心から外れ、球団からも不要の選手となる。そこで「清原の受け入れ先」として名乗りを上げたのが、死の直前であった仰木彬監督率いる、名門とはいえない関西球団オリックスであった。この時、清原の側近の人間が助言をする。

「高倉健が、Vシネマに出るかよ」

腐っても鯛ということか。結局清原は、仰木彬の誘いには応じず、仰木の死後、巨人をクビになってから、オリックス入りする。死後に悔いても遅い。Vシネマもオリックスも永遠だ。

可愛かずみは、日活ロマンポルノ出身である。デビュー作がそうなので、そういわれる。

ロマンポルノは、一般映画から見ると、いかにも安手の後ろ暗いエロ目的の客相手のいかがわしい商売である。そのロマンポルノにしても、日活以外の中小の製作会社が作るピンク映画から見ると優等生というわけだ。ピンクにしても、AVやVシネマからすると、立派な映画である。そこにはヒエラルキーがある。つまり、ピンクはロマンポルノの下で、AVやVシネマはさらにその下ということになる。

とはいえ、AVやVシネマに、ピンクよりは「上」のロマンポルノも、そのアイドル女優は、一般のアイドル女優やアイドル歌手、グラビアアイドルよりは、格落ちする。

原悦子、竹田かほり、太田あや子、寺島まゆみ、皆どれもが、二番煎じ的な「ポルノ界の百恵ちゃん・聖子ちゃん」的扱いであり、あくまで「ロマンポルノのスター」であった。

だが、世間に対して、ロマンポルノと一般との垣根を越えて、人気とイメージを獲得していったのが、美保純とこの可愛かずみの二人であった。その他の人たちは、どんなに女優として活躍しても、白川和子、永島暎子、風祭ゆき、宮下順子などその後大女優となった人たちでさえ、「元日活」というレッテルがべったりと張り付いていた。扱われ方も、一般映画の脱ぎ役、二時間ドラマの死体役などであった。

同じロマンポルノ出演女優でも、特別ゲスト扱いの関根恵子、五月みどり、天地真理、新藤恵美などは、それこそ別格である。初めからロマンポルノの香りなど微塵も感じさせない別の顔を既に持っていた。

さて、そんななかで、美保純と、この可愛かずみだけは特殊な成功例というか、ロマンポルノ出身を隠すわけでもないのに、その匂いを全くもって払拭した女優でありアイドルだった。その中で、いち早く、別の色を携えたのは美保純だ。何しろ国民的映画『男はつらいよ』の寅さんファミリーの一員として、タコ社長の娘でレギュラー入りし、老若男女、広く盆と正月に顔を出す存在となって、重要な第一線のスターと位置付けられるにいたったのである。NHKバラエティーで司会もする。

一方の可愛かずみは、日活創立八〇周年記念作品という『女猫』に主演する。だがこれはVシネマである。この作品から可愛はVシネマへと雪崩れ込み、多くの作品へと出演する。そして、国民的シリーズの『男はつらいよ』を超える長期全六〇作品となった国民的Vシネマ『ミナミの帝王』のレギュラーとなり、寅さんファミリーならぬ萬田ファミリー入りするのである。だが所詮Vシネマの悲しさか、『男はつらいよ』の美保純とは違って、『ミナミの帝王』の可愛かずみはほとんど知られることはなかった。可愛が演じていた役は、その途中降板により、一九九五年九月から、いしのようことなる。そして、こちらの方が萬田ファミリーとして定着していく。

可愛かずみは、のちにJ－ROCK社長となる國保尊弘氏と二カ月後の七月七日に入籍予定であった。結果的に死んでしまった。入籍は、その翌日に発表されるはずであったという。しかし可愛には、一九九五年から結婚秒読みといわれた相手がいた。プロ野球の現役で活躍中の投手、川崎憲次郎だ。可愛の亡くなった翌一九九八年にはセ・リーグ最多勝となり沢村栄治賞も獲得している。この沢村賞は、ヤクルトでの獲得者は現在まで、大エースであった松岡弘と川崎の二人だけである。あの昭和の怪物、江川卓さえ受賞していない。

可愛かずみは一九九七年五月九日、川崎が住んでいたマンションの屋上から飛び降りた。三二歳であった。この時の川崎は二六歳である。

可愛が一時期レギュラーだった『ミナミの帝王』を開始した脚本家の永沢慶樹も自殺している。最初の作品から連続五本を書き、降りている。その後を引き受けた石川雅也は六本目から計一五本を書いている中興の祖といってもいい。石川は、立て籠もり事件などを起こし、不慮の死を遂げている。主人公の片腕役五代目を演じシリーズ二〇本に出演した山本太郎は、現在政界入りし、二〇二〇年には東京都知事選挙で敗れる。二〇二二年「れいわ新撰組」代表として参議院選当選。

芸能界にも中心があり、周縁があり、外様、アウトローが存在し、それぞれの天皇もいて、翻弄され、右往左往し、その中で、ある者は生き残り、ある者は死んでいく。幸せはどこにあるのか。今なお、解決がつかない。

可愛かずみ。芸能のヒエラルキーの中でその海を泳ぎ切ることはできなかった。

その5

小池要之助《こいけようのすけ》～やるせないブルース

以下は無念の話である。小池要之助という人間についてだ。妻に話したら、こう返ってきた。

「誰なの？　その人」。

そのいい方が、何か、価値がないかのような、あるいは、無名であるがゆえに無視されてもしょうがない、そんな響きに聞こえた。有名であることや、無名であることは、その人の価値や、辿ってきた軌跡のかけがえのなさとは、あまり一致しない。有名であるということの意味は、偶然の掛け合わせで公の見える場所を転がったという結果である。それは、ある段階を越えるとメディアにより公平性が失われ、当人もその大きさを錯覚してしまう。大きい方はまだいいけれど、不当に小さい者について、私は気になるのである。ただそれだけのことだ。

小池要之助は二度目の死を迎えようとしている。

『００７は二度死ぬ』（一九六七年）という映画もあるが、人間は二度死ぬという。一度目は生命の死。そして二度目は存在の死。つまり人々の記憶から消えてしまうことである。忘れ去られて、生きていたことすら認めてもらえない。一度目はしょうがない。医療関係者ぐらいしか大きくは関われない。だけど二度目の死に関して、私はモノ申したい。小池要之助をたやすく棄てたメディアに対して、せめて私一人だけでも抵抗したい。ここに書くことが、どれほどのツッパリなのかは分からない。でも、どれほどのものでも良い。小さくたっていい。数十枚の文章だ。

もし私が今回の本で取り上げることがなければ、恐らく誰も取り上げることもないだろう。載せたならば、それなりページ数も増え、定価も高くなって当然売れないし、また分厚いと読むハードルが上がり、なかなか読んでもらえない。だが、小池要之助について少しでも読んでくれる人がいたら、知らせたい。

そう思って、やはりここに記す。読んでもらえなければ、誰の目にも触れることがなければ、文章自体もそうであるし、対象人物もまた存在が無視された格好となる。本当に一人でもいい。知ってほしいというだけだ。「小池要之助」。知らない人も多いと思う。

まずはあるテレビドラマについてから書かねばならない。

小池要之助という人物について、既に多くが知られていたなら、私の書き出しは、それほどに苦労しない。しかし履歴を紹介してから書くというやり方は、私には難しい。その後の文章に棘が出てくる故に、あるいは屈折した共感を持っている故に、素直に追悼や思い入れの文章として書けないのだ。けれども始める。

松田優作主演、ハードボイルドの金字塔的伝説のテレビドラマ「探偵物語」で助監督を担当、全二九話のうち、第一九話に初めて監督として登場、そして最終回「ダウンタウン・ブルース」を演出した男。この最終話を見た人間ならば、もうこれで説明は十分なはずだ。文句なしに傑作を残した男だ。

「探偵物語」は始め、テレビ史上初の本格的ハードボイルド・ドラマとして企画された。しかし主演の松田優作及び、製作側、脚本、演出の意向、流れから、シリアス色は薄れ、役者松田の日常報告、舞台裏の事情、楽屋落ちをもバラして見せるテレビ的な演出とハチャメチャなアドリブの頻発、本気とも冗談とも取れない苦いユーモアをアクションに交えて、独特の世界観を築いていく。松田優作という役者の演じてきたイメージと、そこから増幅される期待とのギャップを上手く利用して、テレビでは受け入れられにくいニヒルとナンセンスを、コミカルさに忍ばせてダイレクトに持ち込むことに成功してもいる。特にその成功例は、松田が担当した予告編ナレーションであった。

この番組は、放映当時はむしろ異色作として一部のマニアに受ける程度の、どちらかといえば残念な作品と見られていた。直前に同じ枠で放送されていた『大都会 ＰＡＲＴⅢ』のようなカーチェイスや本格アクションを期待する者からは、いまいちであり、ハードボイルド志向と思って見ると肩透かしを食う。しかし松田優作の死亡直後に追悼企画として再放送される。これが古い層以外のファンを取り込み、新しい話題となって、むしろ優作の代表的作品にまで上り詰めることになった。この作品がその後のドラマだけでなく、時代のスタイルなどにも与えた影響は数多く、未だ発見しきれていない。それを優作と共に形作った同郷の、そして銀幕での爆発を夢見ていた〝相棒〟が、小池要之助である。話題となったその松田優作自身が語る第一九話の予告編ナレーションがこれだ。

「一九八〇年、ニューシネマ時代の到来だ！　この八〇年代初頭のヌーベルバーグを飾るビッグな監督が探偵物語に登場。その名も小池要之助！　山口県は下関出身。何を隠そうこの松田優作も、あの片桐竜次も、なんとなんと山口県は下関出身なのである。下関よいとこ一度はおいで。とにかく、ものすごい長い時間、助監督を務めながら、涙でこの日を待っていた小池要之助。小池はえらいぞ！年のクセに……。そのデビュー作『影を捨てた男』、これ一本でこいつは終わりになるだろう！」。

語りが終わるや、車は爆発炎上する。

そして「探偵物語」の最終回は、これまで描いてきたハードボイルドから遠ざかっていたイメージとは一転しハードボイルドそのものの展開となる。この演出を任されたのが小池要之助その人であった。

小池は、テレビドラマ「太陽にほえろ！」で、松田優作の登場以前から助監督を務めている。その後、テレビでは監督進出し、伝説の「探偵物語」へと進む。映画でも『蘇える金狼』や『野獣死すべし』『処刑遊戯』『ヨコハマBJブルース』に助監督として参加。優作が最もギラギラしていた時期を共に過ごし、小池自身もまた映画の世界を狙い定め、乱れ撃ちしては食《は》み出し、壊れ、崩壊と生存のぎりぎりを生きた時期が重なっていた、いわば相棒のような関係だったであろうと推測する。優作から最も愛され、そして憎まれた男。

小池が日本映画界から名が消えていったのは、『ア・ホーマンス』という松田優作第一回監督作品のあとである。もちろん、小池の第一回監督作品となるはずであったものだ。

「探偵物語」に限らず、優作の評伝について、特にファンでもない私は、出る物を追いかけて来た。小池要之助という名前やその男についてのコメントは一切出てこなかった。そのことがずっと不思議だった。

小池は自ら監督を辞したわけではない。結果的に降ろされた。自分で現場を降りたという証言もある。客観的事実というものも、目の前に提示できない「国」や「悪魔」などの概念と同様、個々の頭の中の「画像」や「言葉」でしかない。とにかく監督を降り、その後は干された。映画と縁が無かった。小池は最期まで「映画を撮る」ということにこだわっていた。しかしメジャーの映画会社の敷居をまたぐことはもう二度となかった。じゃあ、何をしていたのだ。

Vシネマだ。「街場の映画」「二軍映画」「マイナー・リーグ」「川向うの映画」とも形容される、ある人たちには決して映画とは呼ばれない世界である。小池要之助はそのVシネマを監督した。それは少なくとも二本。いずれも傑作だった。だがしかし、Vシネマとは、作家の名前など気にして見る層ではない者に支えられている。小池がその名を意識して見られたことはついになく、その作品すら、今さら同時代には無視をした「気にする」連中の目にはもう触れる機会がない。やっとDVD化されても、TSUTAYAにも置いていないし、安売りビデオ屋を回ろうと、もうない。小池の監督作を発売したメーカーは、東映ビデオなどの「Vシネマのメジャー」どころではなく、Vシネマの世界でも、マイナーだった。

子どもをラップでぐるぐる巻きにしてベランダに放置して殺した母親Aが、実はその父親に子どもの頃、近親相姦の餌食になっていたことを、Aさんの兄嫁に取材したノンフィクション・ライターは、結局その事実を書けず、その作品の中でぼかしていた。なぜなら、その兄嫁にもその他周囲の現在生きている人々にも迷惑がかかる。そして何より、その強姦魔たる父に、どうも、この兄嫁も被害を受けているようなのである。

優作と小池にも単純に踏み込めない関係があったのだろうか。そのぐらいの不愉快な事情が、映画の上でのクレジットや主導権、編集権といった問題を超えて、起きていたのか。

さて事の始まりは、古い。もう忘れてしまったような出来事だったが、その時は、これが、あとあと面倒なことにでもならなければいい、というようなかすかな予感はあった。

ある映画について原稿を書いた。その記事には映画のスチール写真が載った。だが私の書いた映画とは違う、別の作品のものが載ったのである。では、その載った写真の作品自体のタイトルは合っているのかというと、それすら違う。なぜそうなったのかといえば、編集者が勘違いをしたからなのだが、写真が入ることを教えてもらっていない私が、チェックを入れるということもできなかった。そしてまた、その写真のレイアウトがやけにバカでかい。なんだこりゃあ。お化けかと思った。写真がでかすぎる。無粋で、奥に潜む悲しさが漂っていた。一方で、誌面が送られてきた時に驚きはしたものの、しかし写真の差し替えについて抗議しても、その編集者は、気にも留めないだろうとも思った。何故そう思ったのかといえば、およそその編集者は、Vシネマに全然関心が無いからである。「人間はいつまでたっても知らないことばかりで、安心した途端その先の恐怖を味わい続ける」といった感覚もない人間であるなら、自分では気づかない。気づくはずもない。私はそう判断していた。

ただ、それだけなら、私も付き合う気もしないだろう。ところが彼はインテリ臭さプンプンの割には、抜けたところがあり、摑まえ所がなく、奥深さのある愛嬌がチラチラと現れる人だった。そして私としては、原稿におけるミスであるから、痛いところではあるのだが、彼のVシネマを見下した部分からというよりは、抜けたところが災いしたと、解釈したのである。嫌いになれるような人では全然なかった。それに、私の写真掲載に当たってのアピール不足も原因であることが、編集者にとっては、もう忘れていることであろうとも、私にとっては、忘れ得ない痛恨のミスであった。

かつて、ある女性編集者に天才編集者を紹介する、といわれた。

〈私は私が魅力的だと思う人しか会わせないとはいわない。でもその「魅力的」というのは、「あなた（＝谷岡）が惚れそう」という意味ではない。「惚れるような奴としか仕事をしたくない」というのは、あなた（＝谷岡）のスタイルで、あなたのスタイルはあなたが決めることで、私はあなたのスタイルについて口を出したいとは思っていない。どの本を作るに当たっても、本としてはちゃんとしたものを作る。私はまず「本としてちゃんとしたものを作ろうよ」といいたくて仕方がないんだ。〉

だが、断る。私は、天才と会うことはなかった。

小池要之助もまた、プロデューサーを紹介されては、蹴ったり、うやむやになったりを繰り返していたのだろうな。小池要之助が偏屈で、チャンスを逃し続けていたのかは分からない。

『かげろう～俊のヤクザな毎日』の写真が『陽炎3』となって載ったのは、『映画芸術』という雑誌だ。後から考えると、それはやはり、その映画に対する認識不足、興味・関心の不足であった。そんなことは分かっていたけど、そのこと自体を当り前とはいわないまでも、もうこれ以上Vシネマについて広めようとか、宣伝しようとか、そういう気持ちを諦めていた。映画でありながら、劇場で公開されたりされなかったりするので、公開されないものについては、差別される形で、「映画」という枠から漏れることになった。映画なのに映画じゃない。キネマ旬報のデータベースに載ることはないし、撮った監督が「監督だ」と名乗ることが憚られる空気を生む。

『かげろう～俊のヤクザな毎日』。一九九七年二月七日発売のVシネマだ。監督は小池要之助。翌年小池は、『新・82（ワニ）分署』を撮った。これまた面白い作品で、私はどちらも雑誌に取り上げて書いた。それらの原稿は、『Vシネマ魂』（四谷ラウンド）という本に収まっている。だが、この監督の目に触れただろうか。

いや、実はVシネマは、初めこそ、『キネマ旬報』でもとりあげられ、中村勝則、米田由美の二人が、書いていた。しかしそれでも書いている人は、ほとんどいなかった。どこにも取り上げられることはない世界で、後には、ほとんど私だけが書き続けた、独りぼっちの世界となった。

その中でも、小池作品についての私の評は「べた褒め」の部類であり、この監督の作品には期待していたし、なんとなくいつの日か、会えるのだろう。そう思っていた。

その他の監督も皆、この国の映画界においては、そしてVシネマなんぞにおいては、製作資金はもとより、そこでの人間関係、レンタルビデオやDVDの仕組みなども含めて厳しい戦いを続けていて、私はもう、小池をどうこうという着目の仕方もしていなかった。忘れていたといっていい。ただ、『キング・オブ・Vシネマ』（二〇〇二年　太田出版）という本を出した時、Vシネマ三〇〇〇本の中から、ベスト一〇〇本を選ぶという段になって、当然の如く、この『かげろう〜俊のヤクザな毎日』を入れた。しかもその中でも金字塔のベスト一〇本の中に入れた。それほどに気に入ってもいたし、多くの人に見てもらいたかった。にも拘らず認知度が低すぎた。

小池要之助という人間と私とのつながりを示すと、そういう関係であった。だから、それがなんだということもないではないが……。

そして先日、友人から、あるDVDを渡された。私が見逃していたフジテレビのノンフィクション番組だ。それは、あの忘れていた事件を思い起こすに十分な、その作品（『かげろう〜俊のヤクザな毎日』）がその男の唯一の存在証明的に使われていたドキュメントだった。そうだよなあ。

タイトルは、「映画を撮れなかった映画監督・小池要之助が残したもの」。番組についての説明をサイトから記すと、こうだ。

〈下関の演劇青年だったころ大島渚にそそのかされ、映画監督を夢見て故郷を飛び出した男。日本のニューシネマブームにどっぷり浸かり、助監督として不動の地位を築いた男。
しかし、この男が六八年の生涯で本当に夢見た劇場映画を撮ることは一度もなかった……。
（中略）その後、レンタル専用ビデオドラマなどの演出も舞い込んだ。だが、あくまでも劇場映画の監督を夢見ていた小池。ついにその夢果たせず、二〇一〇年九月、気管ガンのため生涯を閉じることになった。〉

「映画を撮れなかった」とあるが、実は撮っている。映画を撮っている。それを人がVシネマと呼んだだけにすぎない。それを映画と呼ばなかった人がいただけにすぎない。そこに登場する男が、あまりにも熱い男で驚いた。生きているうちに、会いたかった。そう思った。出会えないというのはそういうものなのだろうなとも思った。

死ぬ一年前ぐらいに、小池について知り合いとの間で話題に上った。松田優作の本の書評を私は書いた。のちそれが文庫化に際し、解説として載せてくれないか、と新潮社からいわれ、入れた。内容は、松田優作の元妻でノンフィクション作家の松田美智子から見た、松田の評伝なのだが、この本には「これは」という人間が何人か出てこない。その一人が小池だった。「小池さんと会って話をしたい」。いつでも会える。そんな気がしていたのだ。

松田の初監督作品『ア・ホーマンス』は、先にもいったように、小池の初監督作品となるはずだったのだ。松田もまた、小池と同じ下関出身だった。だから松田美智子が本を著す上で松田優作を描くにあたって、小池要之助は、ネガティブな部分を語るに必要な取材対象ではなかったか。そう考えた。そして私は、かつての彼のVシネマ作品を忘れて、ただ個人的に彼に会いたかった。そうこうしているうちに亡くなった。

松田をライバル視していた金子正次の『竜二』の最初の監督、吉田豊も下関出身である。降りた。逆に、Vシネマを撮らないことにこだわった佐々部清も下関出身であった。不慮の死を遂げた。

松田優作の追悼本が今なおたくさん出ていて、そこには数多くのインタビューやエピソード、写真が載っている。そして松田と同じ下関出身の小池だけが綺麗に抜け落ちている。

写真こそ二、三点あっていいはずなのに、無理やり外しているかの如くに出てこない。まるで、写真の端っこに映っていたら、切るか、寄る（中心人物をクローズアップする）ことで、消しているかのようだ、イメージとしていうと……。

映画のことを偉そうに「シャシン」ともいうから、彼は映画というよりも、「シャシン」に縁が無かったのかもしれない。「シャシン」でしかない映画が優れているかは知らないが、佐々部清は「シャシン」にこだわった。

一九九四年に出された『甦れ！　探偵物語　松田優作にもう一度会いたい』（日本テレビ）。公式ガイドブックであり「探偵物語」の集大成本といえる。スタッフ・キャスト・ゲストへのインタビューがこれでもかと載っている。ドラマに出演していない原田芳雄までもがロングインタビューで登場している。だが、松田周辺の人間がこれだけたくさん登場しても彼だけが出てこない。あの男だ。最終回を撮り、監督として予告編に顔出しまでしたあの男。その男については、写真もインタビューも文章も、何もない。小池要之助。不自然じゃないか。

見捨てられた人間、忘れ去られた人間。果たしてそれだけなのだろうか。

Vシネマというカテゴリーの馬鹿にされた姿というのでもなく、その奥に潜む、蔑視感覚にうまく結びつけることでスルーされた人物、とでもいおうか。

恐らく、『ア・ホーマンス』を作る過程で、アンタッチャブルに触れた。これが正解ではないか。それを暴いて書きたいというわけではないが、書かないけど知るだけは知りたい。そうでなければ、島田紳助の突然の引退のような消化不良の気持ち悪さがある。

俳優の片桐竜次も下関出身で、松田と共に、松田の最期まで付き合い続けた人物のようであるから、片桐ならば、小池と優作とのいきさつについて何か知ってはいるのだろうと思う。だけど、小池の口から聞きたいじゃないか。優作が死に、そして小池もまた亡くなった。出身地では優作にとって近い人物であり、そして表現者としても深くかかわり、ぶつかってもいたであろう小池は、その片方しか満たさない片桐竜次とも、シナリオライターの丸山昇一とも違う。可愛さ余って憎さ百倍、となったことも想像できる。

優作という一人のカリスマ、ヒーロー物語の犠牲となって隠れてしまった人物とはいえないだろうか。最終回を任せるといった思い入れに込もっていたのと、逆に反転した優作。

周囲を敵に回したのであろう小池。優作にはないものを持ち、優作にしかないものを持っていなかった男。小池要之助とは、いったいなんだったのか。

優作という人間は嫌われてもいた、という話は余り出てこない。封印されてもいるだろうし、それ以上に賞賛と尊敬の声の中で掻き消されてもいるのだろう。在日コリアンによる在日コリアンが題材の『月はどっちに出ている』への「正当な批評のしづらさ」ともリンクする。もちろん、小池自身が知られないことも結果としてあるが、優作自身についてもマイナスであったともいえる。

つまり、ある意味、優作についての決定的な「語り部」が、一人いないわけだ。そのことは、優作伝説の裏のもう一つの実像を消す作用につながる。

三二歳の時にガン病棟に長期入院していた私は、同室のガン患者とともに、ほぼ毎日、死を見送ることになった。尿を溜めている部屋がある。病棟全員の毎日のそれが、名前入りで存在し、病の進行具合の違いがよくわかる。

明らかに違う色をした尿の名前の主が、必ずや、先に逝く。だから、いわゆる「お呼ばれ」が掛かると、それは多くの場合「死」を意味する。「お呼ばれ」とは、六人の大部屋から、ＩＣＵに移されるのである。その時、患者は状況を知っているので行きたくないという。

「看護師さん、俺大丈夫だよ」
「少しの間、様子を見たいと先生もおっしゃっているので」
「嫌だよ。そんなに悪くないよ」

最後は泣いて抵抗する者もいる。

結果はほぼ見えている。多くは数日中に亡くなる。最期の時を共に過ごしたという自負は、見舞客よりも、われわれの方にあった。まさに文字通り「明日は我が身」で、同じ病で、同じ病室で、共に闘い、泣き笑った。

その途中で、すぐにでも立ち去りたそうな「お愛想」程度の見舞客をたくさん目にする。傍で聴いていて、言葉のウソが、手に取るようにわかる。帰った後に、同室の皆で話す。

「全然心がこもっていなかったよね」

「普段の生活ぶりがよくわかるよ」

たとえ家族であっても、親友と称するものであっても、本物とニセモノは、非常によく見える世界なのである。最も一緒に悼んでくれる人々はここにいる。だけど死んだその時、お為ごかしのお愛想連中が、心にもない美辞麗句と涙の出ない泣き顔でもって、葬儀の会場を埋め尽くしている。病室にいるから行くこともできないのだが、一番そこにいてもおかしくない「われわれ」は蚊帳の外で、呼ばれることもない。本当のことは、目に見える、その現実は葬儀会場にあるわけではないのだ。

『優作について私が知っている二、三の事柄』というドキュメントがある。監督は崔洋一だ。そこで桃井かおりが、こんなことをいっている。

松田優作が死に、遺体を焼いたあとに、骨粉が残っていた。手で触って取ろうとした桃井かおり。

「アチチ。焼けた骨の粉が、五本の指にくっ付いちゃって…。これを然るべき人に嘗めさせたのよ。

小指を水谷豊、薬指を原田芳雄、中指を大楠道代、人差し指があたしで、親指を、あんた（＝崔洋一）の所まで誰にも嘗めさせないでもっていったのよ」

こういった話を聞くと、松田優作にとっての重要人物の五角形ができ上がる。

だが、それは桃井かおりを通しての現実であり、優作の望む五人とは限らない。優作が「小池はえらいぞ、年のくせに」といった、小池要之助は、その五人からは抜け落ちている。本当は、望んだのかもしれない、もう一人の語り部。

もし小池が参加していたなら、桃井かおりや原田芳雄といったオール村社会連合軍の内輪乗りとは違った、そこから離れた全く別の見方をする光が差し込まれるはずである。その機会を書籍としても失ってしまったわけだ。

たぶん優作だけではなかったのだろう、そこに働いた力学は。その周辺の映画人たちにとっても忌むべきものだったのではないか。しかし一方で、「探偵物語」最終回に小池を持ってくるという、強引に推した力学も働いている。最終回前の時点で、小池は一回しか監督をしておらず、少なくとも複数回監督をしていた者は、七回演出の村川透をはじめ、澤田幸弘、小澤啓一、西村潔、長谷部安春、加藤彰といずれも「ホンペン」を撮っている名匠がズラリ六人いた。このホンペンの六人は、全員が皆、その後にVシネマにやって来て、監督をする。つまり、最終回は、小池にこだわる必要は全くなかった。

そういう小池の存在に目を背けてきた映画界がそこにあった。その参加を許されなかった小池の作品が『かげろう～俊のヤクザな毎日』だ。

とてもじゃないが、彼にとって、『かげろう～俊のヤクザな毎日』は、重要も重要。『かげろう2』をやろうと、たぶん本気で一五年近くいい続けていたと、ドキュメントの画面では語られる。未亡人となった奥さんが登場し、夫について語った。家族のことを全く考えずに、ただ映画ばかりにのめり込んで、借金と本と映画と酒にまみれて、死んでいったと。

他の一緒に仕事をしたスタッフ、監督たちもあいつはバカだよ、映画馬鹿だよ。そう語っていた。

遺された日記に、こうある。

〈還暦を過ぎて、アルバイトってのもきついよなあ〉

日記にはヘタレ込む言葉もあるが、ほとんどが鼓舞し、監督をするという闘志に貫かれ、やはりこの男は画になる男だったのだなあ、と思い知らされる。「ホンペン＝劇場公開映画」の監督に憧れるという感覚は、番組が作った、発案したアイデアで、実際には、次回作に燃えていただけであり、既に監督である人間が監督になりたいという「分かり難い」欲望ではなかったはずだ。Ｖシネマだってもちろん監督だったのだから。

ところで六〇歳を過ぎて一体どんなアルバイトをしていたのだろう。警備員だろうか。そこではどんな呼ばれ方をしていたのだろう。「監督さん」とでも呼ばれていたのであろうか。勿論ニックネームとしての監督であり、蔑称の絡まった、「さん」付けの監督である。

実は今、映画を撮れずに、大学教授、講師業で糊口を凌いでいる監督は数多い。では誰でも就けるのかというとそうではなく、その優先順位があり、要領のいい人が就いているのは自明だが、元日活ロマンポルノとかピンク映画の人などは比較的重宝されるが、そのヒエラルキーの最下層、というより完全に外されているのがVシネマ監督である。小池もまたその憂き目を噛み締めつつアルバイト先に向かっていたのであろう。

二〇二〇年各賞にノミネートされている映画『子どもたちをよろしく』の監督・隅田靖と先日会ってきた。還暦を過ぎている彼は、現役警備員であることを公表しているおよそ珍しい映画人である。私も、現役の建築物管理（ビルメンテナンス）であり、筆一本でなど食べてはいけない。小池もアルバイトしながらVシネマを撮っていた。

このテレビドキュメントに、セントラル・アーツは資料提供をしているだけで、黒澤満はコメントを寄せていない。優作と小池との関わりについては、制作進行という一番下っ端の役だった男がうやむやな回答を語るのみだ。現・オフィス北野・プロデューサーの小宮慎二という元制作主任だ。制作主任といったら、多くの場合、役者と監督や演出の間のやり取りにはほとんどタッチしていない。結局、小池と本当に親しい人は出てこない。黒澤満にしても親しい誰かにしても、コメントできない何かがあったのではなかったか。

生きながらにしてこの人は殺されたんだな、と思う。優作伝説の中に埋没した悲劇として、ついに語られず仕舞いで終わる。誰にも話してなかったにしても、小池は何かヤバいことに触れてしまったのかもしれない。

冒頭の石橋蓮司によるナレーションによって、この番組の小池を扱ったノンフィクションの企画意図は、明らかにそのことだったはずだと分かる。優作との蜜月とその触れてはいけない決別について。だが、実際にその関係を知る者として出てくるのは、繰り返すが制作進行のみで、「(小池は優作に)可愛がってもらっていたようだ」という程度の、およそ目新しくもない証言だ。小池は映画馬鹿だったというキーワードも出てくる。

優作は、初めは『白昼の襲撃』(一九七〇年)の黒沢年男を絶賛し、のち原田芳雄、そして萩原健一と憧れ、模倣し、コピーすらしていく。そこには対象への強烈な嫉妬や羨望が隠されていて、その発展形として、アレンジし、独自の解釈とスタイルを確立していく。この過程において、同郷の頼りになる情けない兄貴分として、映画馬鹿の「日本一の助監督」たる小池が、役作り、現場づくりの上で、「相棒」であり、一番痛いところを知っている腐れ縁だったのではないか。優作と共に狂いギラギラしていた日々。

こういう映画馬鹿は昔はいっぱいいた。古くは川谷拓三、そして二〇一一年に亡くなった須賀良。

須賀良は、ジュール・ベルヌ原作『十五少年漂流記』を基にした『少年漂流記』(一九六〇年東映)でデビューした。「『少年漂流記』でデビューした一五人のうち役者として今残っているのは、俺と石橋蓮司の二人だけだ」というのが自慢の一つだった。石橋蓮司は良いとして、須賀はいったいどこに残っていたんだよ。もちろんあそこだ。Vシネマだ。

かつて東映で「西の川谷拓三、東の須賀良」と呼ばれたというが、実際は「西の川谷、東の城春樹」と、これも城さん本人から聞いた。須賀良の最後は、Ｖシネマで親分などを演じていた。そしてこのドキュメントに出てくる俳優の天蝶二。『かげろう～俊のヤクザな毎日』で小池と出会い、決定的な影響を受けたという。「自分も小池監督同様〝俳優になれなかった男〟になっちゃうのかな」とお約束のような自虐的な笑いを見せる。だが、それは淋しさを通り越してシュールさすら漂う。天蝶二のほかにも作品が残らなくて、笑顔が残る、そういう人たちがいる。そしていつからか、Ｖシネマの世界に巣くうようになった。

写真の編集ミス即ち足を踏む側の論理は、実は小池要之助の位置や問題とリンクしている。もちろんＶシネマのことである。所詮、小池にとっての作品といえば、『かげろう～俊のヤクザな毎日』でしかない。しかしそれは、ある意味、抜け殻としての小池であったはずだ。

カッコつきではない「映画」に熱狂した時期、いや、映画ではなく「映像」に熱狂した時期とでも言い変えなければいけないのか。夢中になった時期、それが小池の核心であり、それは、多分、『ア・ホーマンス』の前段階であり、「探偵物語」の最終回でしかなく、そこにこそ映画屋「小池」の本領があったろう。

『かげろう～俊のヤクザな毎日』をいくら観て批評して小池の作家性を読解してみたところで、抜け殻の過ごし方が見えてくるだけではないか。その引かれ者の小唄に魅かれていた私のような者もいるのだが、それは、小池本来の目指すべき最終地点としての姿ではないだろう。

Vシネマに最初から入って来たような〝脇役俳優〟天蝶二とクロスする、ホンペンから降りて来たような男の交流。あるいは、もうVシネマさえ撮れなくなって最後のほとんど自主映画のような企画を、たいして運命的でもなんでもない出会いであろう白須慶子というスターを夢見る女優の卵という予備軍の一人にヒロインを託して周回遅れのホンペンに拘って見せた男。白須を主演に据えての映画は、実際はどうでもいい企画のうちの一つにすぎないだろうと私には想像できる。とにかく小池の結末は、そういう安い物語ではなかったはずだ。まるでVシネマに落ちてなおホンペンを諦めずにいた、Vシネマに甘んじることなく映画を諦めていなかった男みたいに描かれているが、Vシネマもまた映画は映画だよ。野望は、ホンペンという形ではなく、形よりももっとでかいものであったはずだ。

小池の無念はVシネマも含めて、映画界が健康に機能していなかったことに因る。

自分が生きているうちにはもう、この「映画」の世界の腐敗しきった構造と自身の怠惰も含めたチャンスのなさは、変わることもないだろうし、作家による作品という実績を残した実感も未だなく、立場も弱い中で、知り合う天蝶二や白須に慕われ、小池自身が何をいおうが、聞く耳を持つ奴は、誰もいないか、せいぜいが天や白須で、諦めと焦りを超えた茫然自失と、松田優作という存在。小池の背負ったどうしようもない孤独。

「小池さんはねえ……」

色々な人間の言葉がテレビ画面から聞こえてくる。それがどうかしたのかよ。ドキュメントには、小池の映っている写真が何枚か登場する。だが、どれも一人である。優作とのツーショットはもちろんその他の仲間とのものもない。どれもワンショットだ。

そのワンショット写真の内の一枚には小池の口に吹き出しが付けられ、こう書かれている。「人間らしい生き方しましょうヨ」

『映画芸術』にかつて載った蓮實重彦と立木祥一郎の対談を一部抜粋する。

〈立木　九六年の日本映画では、黒沢清の『勝手にしやがれ』シリーズ、これはちょっとすごい。

蓮實　今世界に一年に五本撮れる監督が何人いるかというと、いないんです。おそらくインドにもいないでしょう。そのことをやってしまった黒沢清の歴史的意味は驚くべきものがあり、その点で彼は反歴史的ですね。〉

この程度の数の作品を撮っている作家は当時、日本に、それも黒沢清のすぐ近くに、ゴロゴロいた。この年の黒沢清は、いずれもVシネマ『勝手にしやがれ!!』四本と『DOORⅢ』の計五本であるが、この年だけでも、例えば松井昇が八本、神野太が七本、村田忍と三池崇史が六本撮っているし、三池の助監督から昇進した辻裕之はのちコンスタントに毎年毎年一〇本以上を撮っている。一年間に一五本も撮っている監督辻裕之は、三池がテレビや映画のプロデューサーにいくら推薦しても、とり合ってもらえなかったと語る。「Vシネマの人ですか」といわれたと。何故黙殺をするのか。

監督やスタッフだけではない。俳優の中には、見捨てられ、見過ごされ、見られもしなかった面々がごろごろいる。覚せい剤に走ったり、強盗したり自殺したり……。勢い余ってプロデューサーを刺してしまった岡崎礼、殺人放火で懲役一五年を食らった大地義行、二〜三〇〇人の少女に対するわいせつ行為で逮捕された主演俳優もいるが、皆、生き急いで生硬な奴ばかりでもない。羽賀研二もＶシネがらみの人脈で、判決が出た。だが、食い詰めて罪を犯す者もいるが、何とか持ちこたえて耐えている俳優もいる。ハリウッドスターを目指すという、ほとんど消えかかった、初めから点いていなかったかもしれないような灯火を、消すまいとして、必死に、空元気と痩せ我慢を充満させている殺陣剛太。そして六〇歳を超えて、主演俳優の佇まいを全く消すことなく、実際主演し続けている武蔵拳。その姿は、知られることなく終わっていくのだろうか。

小池要之助のドキュメントを見ていて、たかが雑誌の記事だったけれど、やはり、もっと粘って、差し替えてもらうべきだった。そう思った。

ドキュメントのタイトルには「映画を撮れなかった」とあるが、これは映画であり、これは映画ではない、と選別する連中に小池を見えない存在とさせられていただけだ。トラブルの真相も気にすることなく、どこの場所にも存在するような安い天皇や大王に傅《かしず》きお伺いを立てるだけの、カッコつきの「映画」村の奴らに、小池は消されていた。

小池は映画を撮った映画監督だった。小池は紛れもなく映画を撮った映画監督だったのだ。やるせない。

ドキュメントで、小池要之助の妻・洋子さんが語る。

「元々（小池）は、役者になりたいと思って上京したみたいなんだけど、下関にいっぺん帰っていったの。その時に、大島渚監督の『帰ってきたヨッパライ』という映画の撮影を手伝ったんだって。そうしたら、『いやあ、裏方の仕事も面白いなあ』となっちゃって、監督をやろうと思ってね。だけど借金はあるわ、酒は飲むわ、女房子どもを泣かせようが何しようが、本は買うわ、映画は観るわ、芝居は観るわ、もう、あの人の価値観の中では、家という存在は何もないのよ。家なんて、とにかく寝泊りできればどこでも良いって感覚でさ。それで、女房も子どももついて来いっていったって、たまったもんじゃないわよ」

だが、最後に「早かった」と漏らす。せめて、あと一〇年は生きていてほしかった……。

それは、映画という悪魔に魅せられ、人生を絞り取られた人間への諦めと紙一重の想い。そして映画をやらせたかったという自分の儚い夢の過程内で、小池が映画をやることのなかに自分への小池の愛があったのではないか、という切なる願いも含めて、取り戻したいとの想い。その二つが重なり、愛を確信していたのではなかったか。

我が友、脚本家で監督となって死んだ南木顕生とその妻、南木宙子にダブる。

死後、洋子さんはアルバムの中からある物を探し出そうとした。松田優作とのツーショット写真だった。ないはずはない。一緒にずっとやってきた、ある意味バディだ。相棒だ。ところがなかった。一枚もなかった。ないはずがないのではなく、あるはずがなかった。ワンショットばかりな上に、相手があの松田優作なのだ。

「優作さんと一緒に映っている写真が欲しいといわれて、探してはみたんだけど、いくら探しても一枚もなくてね……」

小池監督版の『ア・ホーマンス』が作られていたら、どんな作品となっていたか、そういう声も多い。だが、私は、『かげろう~俊のヤクザな毎日』一本で十分に凄い。そう思う。『かげろう~俊のヤクザな毎日』。松田優作に一番観てもらいたかった〝映画〟かもしれない。松田ももちろん既に亡く、それを作った男もまたいなくなった。その作品すら、今は探しても観ることが不可能に近い。

映画なんて見捨てられていくべきものなんだ。

尊敬する編集者・高瀬幸途から、少し前に、私はそういわれた。その時、激しく抵抗感を覚えた。その理由は死ぬときにでも分かるというのだろうか。

〈企画書を一通り拝読しました。私の視野が狭い所為でしょうが、映画などは、本や雑誌の読み捨て同様、「見捨て」られることが本性なのだと思います。再見するとすれば、原発事故に遭遇して、黒澤明監督の『生きものの記録』などの原爆ものを見直すことが精々のところです。趣味・道楽は一生賭けての物狂いの道なのかもしれませんし、それはそれでしぶとい選択肢としてあるのでしょうが、今回の原発事故は、どの選択肢にとっても切断線を刻み込んだのではと思います。そしてその切断をもっぱら外部からもたらされたものとのみ、考えてはマズイのでは。では、趣味・道楽の内側からどんな切断・回路があるというのでしょうか。とにもかくにも、私には縁遠い内容に思えました。〉

小池要之助。六八歳か。二〇一〇年九月二二日、気管ガンで死去。そのちょうど半年後の二〇一一年三月二二日、フジテレビでドキュントが放送される。もちろんその一一日前には、東日本大震災があった。そこからさらに一〇年遅れてしまったラブレター。せめて、同じ無名戦士として、墓碑銘を刻みたい、などとは思わない。

Vシネマを一本だけだが撮った私は、小池のような人物を見聞きしては、干されたり、Vシネマに「降りてきた」人間に横たわる深い謎をそう簡単に忘れることができなかった。

ドキュメンタリーで紹介されている小池のフィルモグラフィーも、どうやら間違えている。小池は「探偵物語」で監督デビューしているのではなく、一九七五年〜七六年にTBSで毎週月曜夜に放送されていた三〇分枠「ブラザー劇場」の「それ行け！　カッチン」こそがデビュー作であり、その後特撮物「バトルホーク」、さらに加山雄三、藤竜也主演の刑事アクション「大追跡」で一時間物の演出を初担当した。小池よ。優作と何があったのだ。

「探偵物語」最終回。ダウン・タウン・ブギウギ・バンド『身も心も』が掛かる。「♪犬の遠吠え〜」という歌詞から始まる。主演の松田優作が壮絶な最期を遂げるという予告編でも伏せられていた全く意外な展開が待ち受けている。それを村川でも澤田でもなく、小池に撮らせたいという塊がそこにはあった。だが、小池の遠吠えは、死ぬまで続いてしまったんだ。

「還暦を過ぎてアルバイトか。情けなや！」

あともう少しで還暦の今の私は、小池要之助にこそ掌を合わせたい。

その6

池田敏春《いけだとしはる》~黒い冬のクロニクル

池田敏春の遺体発見場所は、代表作にして日本映画史上の傑作『人魚伝説』の撮影現場である。三重県伊勢志摩海岸、大王崎灯台近くの海上で、死後一~二日後に発見された。灯台付近の高さ約二〇メートルの崖からの入水自殺と見られる。『人魚伝説』は、原子力発電所に向かって徹底的に抗う映画であるが、貧困や障がいを背負った私、即ち監督の池田なり主演の白都真理なりの存在を消すな、という映画であった。

三島由紀夫は四五歳で自決し、ジョン・レノンは四〇歳で射殺された。その後生きていたなら、さらなる傑作の数々を新たに発表していただろうことを夢想はする。かといって世間に知られた業績を残すから、そのことで価値があるのかというと、それは、光の当て方、角度、時代や地域、タイミングなどによるものだろう。知られなくとも、それはそれで仕方がないとも考える。つまり、人間というのは、いくらたくさんの発明や創作をしようと、大体の生きる年数は決まっていて、携わることのできる人間の数も決まっていて、物に触れ、また貢献し、食べて排泄するように、知識や美を吸収し、他人にとっての便利さや無意味を吐き出すという、ただそれだけの行為が人生なのである。

しかし、それらをどんなに割り引いても、私が少々見知っている世界で、ジョンや三島同様に、「この人間は死ぬには惜しい」と思った一人が、池田敏春という監督であった。平たくいうと、障がい者や迷惑な奴に価値はないという思想に対して「アンチを唱え表現する者」である。まだ五九歳であった。今これを書いている私と同じだ。


作家の開高健が、谷崎潤一郎に、書けなくなったときはどうするかと絡んでいた映像を見たことがある。谷崎は、そのときに、こう答えていた。

「とにもかくにも書くんだ」

「書くんですか？」

「そうだ」

「何を書くんですか？」

「何でもいいんだ。あでも、いでも、うでもいい」

「あいうえおを書けばいいんですか？」

「そうだ」

だけど私は思う。谷崎よ。いや、開高よ。お前が書かなくても誰も困りゃあしないよ。

墜落する飛行機の中でも、わずかの死を待つ時間に、文字を綴る。たいていは家族に向けてだ。ありがとう。ごめんね。感謝とお詫びと。それはギリギリの言葉だ。表現とは、やむにやまれぬ表出なのだ。それは痛みと苦しみの表出だ。

開高健も、五八歳で死んだ。表現は見ればわかる。その人間の痛みと苦しみの本物が。身近な人間の死に、友人知人と、多くの人々が言葉を重ねる。それがどれ程のものか。すぐにわかる。

人は簡単に死ぬ。池田敏春は、代表作であり、大傑作であり、かつ日本映画史に楔《くさび》を打ち込んだ、時代の転換点の記念碑的作品でもある『人魚伝説』の、ロケ現場の海で、還らぬ人となった。クリスマスイブの夜だったらしい。

東日本大震災が起こる三カ月と少し前の二〇一〇年一二月のことであった。それは、『人魚伝説』の公開から二五年が経過していた。日本の映画史において、「ディレクターズ・カンパニー」という会社が一九八二～九二年の一〇年間に巻き起こしたムーブメントは、あらゆる意味で、映画を目指す青年たちの目標であり、光であり、可能性であり、そして失望でもあった。そこにいた九人の創立監督であり、かつ結局はそれ以上増えることはなかった九人の中で、亡くなったのは相米慎二と、この池田敏春のみである。

相米の方は、各雑誌で大きく特集され、書籍も出た。一方で、池田敏春に関しては、日本映画史に残る大傑作といえる作品が少なくとも四本はあり、どの作品も少なくとも面白いのである。だから、その死に関して、あまり追悼もされないことが悔しくもあり、それ以上に、生きていたなら、とんでもない大爆発の可能性を、誰よりも信じていたし、期待していたし、待ってもいた。

一五歳から一人暮らしをしているので、私は一人でいるのが好きだ。詳しいことは省くが、実家が嫌いだったので、ある程度の高校受験の勉強をして、とにかく家を出た。一人でいることの特権は、他人にうるさくとやかくいわれないことである。私の場合、好きなときに好きに寝ることができることだ。

作家の山田風太郎は、一日に五回ほど食事を取り、それがほとんど不定期で、起きたり寝たりを繰り返しながら、好きなときに起きて執筆し、ご飯を食べ、また眠くなったら寝る。そういう生活を一生続けて、そうして死んだ、ようである。彼の本を読んだ限りでは。適当に街に出て本を買い、映画を観て、帰ってきては寝る。そんな生活だった。妻がよくもまあ、その食事を毎度毎度用意していたと思うが、特に豪華な食事でもなく、ありあわせのおかずと酒だったようだ。本人も、早いうちに本と名前が売れてくれたので、そういう生活が実現できたと書いている。

ところで、好きなときに寝るという行為は、どうにも一般の人をいらだたせるらしい。ニートとか、ホームレスとか、あれほどに敵視や問題視されるのは、なぜか。あるいは一部の芸能人や、お気楽に見えるＩＴ長者やネットで稼ぐ職業の人が、異端視、軽視される傾向はなぜか。それは、昼夜逆転の生活が、生物としてのバイオリズムに反している行為にも見え、また、サラリーマンをはじめとする一般社会への秩序破壊者、反逆者に見えるからであろう。あまりうまい例が思い浮かばないが、地下鉄サリン事件のとき、サラリーマンなら当たり前ではあるのだがあんな時間に地下鉄に乗っている人間に対しての、高みの見物で批判していた作家や表現者と称する職業の人に見て取れる優越感は、その一端である。

私の書くものが、Vシネマとか女子野球などの「ホンペン」社会の裏面史、無視され見棄てられてきた〝日陰の花〟的な存在が多いのも、そのせいであろう。授業を抜け出して映画館に通っていたごとく、昼間の社会から抜け出して、ヤクザな世界にどうにも興味が嵌まり込んでいくせいだ。「夜に」「ひとりで」行動するのがアウトローであり、私が嵌まり込んでその世界の人にならずに済んでいるのは、かろうじて自由に起きて寝てという生活を許さない妻がいるからであろう。まっとうに昼間働いた金で、アイドルなどのライブでジャンボ団扇を振り、旅行先でご当地アイロンシート付きTシャツとやらを買い込んでくるのが、一般の人間の生活スタイルであり楽しい生き方なのであろう。辺見庸は、コロナ禍での脅迫的な社会の同調圧力について、「ビオレの手指消毒薬が一万五四〇〇円。ある種の暴力だ」とNHKで訴えていた。そういう高度消費社会の人生を否定はしないが、昼夜逆転の味を未だに泊りの仕事で堪能している私である。山田風太郎にはなれないけれど、池田敏春の映画を観ていたかった。

しかし、池田敏春という映画作家について、不遇で終わるかもしれない予感はあった。池田につながる系譜の監督三人を以下短く紹介する。

四五歳という若さで亡くなった川島雄三は、五歳で母を失い、自らは進行性筋萎縮症もしくは筋萎縮性側索硬化症であった。住まいを持たずにドヤ街を転々とし、酒と女と映画と睡眠薬に狂ったエピソードには事欠かない。

川島の弟子である浦山桐郎は、出産時に母を失くし、高校三年時には父を自殺で失う。私が親しく付き合ってきた脚本家の神波史男は、あるとき旅館が一緒だったことがあり、いつもそうだったというが、その時も「俺は世界の浦山だ」と大声で叫び暴れていたという。やはり急性心不全で、五四歳という若さで亡くなる。『非行少女』でモスクワ国際映画祭銀賞を受賞した際、主演の和泉雅子は、「ウラ公を殺して、自分も死ぬ」と語っていた。それほどに、執拗な演出現場であった。この和泉雅子のほか、吉永小百合、大竹しのぶなど女優を育てることに定評があった。

そして相米慎二がいる。肺ガンにより五三歳で急死した。彼もまた、女優を厳しく育て上げることで有名であった。

二〇〇二年夏秋の『映画芸術』の相米慎二特集号には、その執拗な演出をそれぞれ記している。プロデューサーの山本又一朗はこうだ。

〈相米が演出する現場を見に行ったことがある。どこが気に入らないのか、若い役者をつかまえてテイクを繰り返している。その執拗さと、いう事といえば「もう一回やれっ」だけである。(中略)「しつこいなおまえは」「いいじゃねえか」「役者は訳分からないでやってるよ」「分かんなくていいんだよ」「役者が芝居するのに分かんなくて良いってのはどういうこと」「だって俺も分かってねえモン」〉

衣装デザインの小川久美子は、こう書く。

〈手を抜かずに本当の力を出し切るところまで追い込むところは、厳しい監督だったと思います。（中略）「これでいいのか？」という問いかけは、何かしらの引っ掛かりを感じたということと、こちらの自信のほどを見るということもあったのではないかと思います。〉

音響効果の斎藤昌利。

〈「本当にこれでいいんだな！」「いいんじゃないですか！」「お前がいいんならいいよ！」しばらくすると、又、「本当にこれでいいんだな」その繰り返し……〉

特機の上竹寛一。

〈テストを繰り返していくうちに役者の動きはどんどん変わり、それに合わせてカメラの動きもどんどん変わる。そんなことをしているうちに夜が明ける。「これが伝説の相米組か！　きついなぁ」〉

そして、相米の代表作『セーラー服と機関銃』でチーフ助監督を務めた森安建雄。

〈それにしても、なぜ相米さんはあんなに延々とテストを繰り返したのだろう。（中略）『セーラー服と機関銃』では、主演は当時一七歳の薬師丸ひろ子。当然、若い役者を鍛える気鋭の監督という形で延々とテストは続くのである。それも「×（バツ）」というだけで、適切なアドバイスは何もせずに。これでは拷問だ。〉

『魚影の群れ』でもチーフ助監督だった森安は、夏目雅子の二分ぐらいのシーンに、朝から翌朝までかけた現場を目撃する。Vシネマの監督もしたこの森安建雄は、二〇〇六年一〇月一日に五九歳で亡くなった。

さらに、池田敏春だ。

足を引きずりながら、罵声を浴びせ、あらん限りの暴力監督ともいわれ、女性遍歴もやはり、相米、浦山、川島に負けぬほど荒れていたというか、深かったようだ。

日本初の本格的スプラッターホラー作品といわれる『死霊の罠』の主演・小野みゆきには、火の付いていたタバコをぶつけたという。「衣装が燃える!」と皆驚いたらしい。

代表作『人魚伝説』の主演・白都真理は、髪を切るシーンの撮影で、監督の執拗な要求に、今度は主演女優の方がハサミを投げつけた。

二〇一一年春『映画芸術』の池田追悼の号で、プロデューサーの山田耕大は、こう書いている。

〈監督が〝演出の力〟によってではなく〝人の良さ〟とか〝プロデューサーのいうことによく従う〟ようなことによって評価されている昨今の映画界では、プロデューサーに昂然と食ってかかる池田さんの活躍する場はどんどんなくなっていった。誰もがその才能を認めていたのに、一緒に仕事をしたがる人は年々減っていった。僕は一度も殴られたことはなかったが、池田さんに殴られたという人は僕の知っているだけでも五本の指に余る。〉

池田敏春監督の暴力や、相米慎二監督の俳優を追い込むしつこいリテイクについて、当時は一つの勲章扱いされ、監督の武勇伝として取り上げられるが、権威の使い方をしっかりと検証する時代の今ならばNGであろう。

二〇二二年三月『週刊文春』榊英雄監督に対する性暴力の告発に始まる「映画界パワハラ・セクハラ体質」が大問題となり、悪しき慣習が見直され始めた。この問題は、一部の悪人を裁く点では良いけれども、歴史の書き換えのようなことが、起こり得ると考え、その事件に近い人たちの孤独を探っていくには、丸ごと消されて行く可能性があり、見えなくするだけかもしれない。

藤村新一旧石器捏造事件のすべてが、供述通りの「神の手」だったかは分からない。だが、たとえ美味しくとも、厨房でパワハラしているシェフの料理は食べたくない。

脚本家の西岡琢也は、こう書く。

〈監督志望の甘い夢を抱いていたが、相米さんに続き池田さんに出会った事で監督という職業に見切りをつけた。二人のように徹底的に意地悪く異常とも思える執着と熱情で作品に立ち向かう者のみ、「監督」という名前が与えられるに違いない。既に二人ともこの世にないのは、彼らが映画へエネルギーを放出させすぎた証左ではないか。〉

ディレクターズ・カンパニーのうち、早世した二人、相米慎二と池田敏春は、長谷川和彦の兄弟弟子的な存在で、谷口千吉と黒澤明が、山本嘉次郎の兄弟弟子であるがごとく、また今村昌平と浦山桐郎が、川島雄三の兄弟弟子であり、Vシネマでいうと、渡辺武と辻裕之が、三池崇史の兄弟弟子であるがごとくに、切っても切れない二人であった。

川島、浦山、相米、池田。この四人に共通するのは、いずれも日活（川島は松竹より移籍）の監督であり、また作品以上に破天荒な人生で知られ、そして、日本映画史上に残る傑作を残していることである。

出身は、浦山が兵庫県で、川島が青森県、相米が岩手県で北海道釧路育ち、池田が山形県である。

池田の遺作は、織田作之助原作『秋深し』。織田は、川島雄三と親交の深い作家であった。

池田が亡くなったのは、一二月二四日で、発見されたのが二六日。だが身元が判明したのは、翌年一月の二四日もしくは二五日である。

相米慎二と『ラブホテル』や『東京上空いらっしゃいませ』で組んだ、同じ日活出身であるプロデューサー海野義幸が、囲碁の対局中、一月一〇日に亡くなり、千葉好二プロデューサーもまた、同じ一月に五七歳で亡くなる。千葉は、日活を退社後、「フィルム・キッズ」を立ち上げ、Vシネマにて多大な功績を残す。石井隆との作品もあり、池田敏春とはかなり近い位置にいた。

雑誌『キネマ旬報』二〇一九年一月下旬号の「一九八〇年代日本映画ベスト・テン」では、私も池田に一票を投じたその一人である。

『人魚伝説』は、一九八〇年代の一〇年間において一七位にランクインしている。一九八四年度においては、その年の一六位であったものが、三五年の時を経て、四位となり、評価は一気に上がっている。

私の同郷ということで、親しくして頂いている日活ロマンポルノの巨匠監督に、小沼勝がいる。可愛がっていた助監督として、黒沢直輔と池田敏春の名をいつも挙げていた。その死に関しても、相当にショックを受けていた。

「学生時代に自殺し、足の指を飛ばされるような大けがをしながら、何が悲しくて、還暦を前に再自殺をしたのか、僕には理解不能です。何で命のやり取りをしなければならないのか、全くわからず、だからこそ可哀想で可哀想で、不憫でならないのです」

思い詰めて、思い詰めて、しっかりと考え尽くした上での自殺というものもあると思うが、私は、多くの場合、自殺とは、フッと誘われるように、その一瞬だけ、事故死の如くに死ぬのであろうと思っている。

人間は、人や物に殺される場合がある。自分で死ぬという行為も、多少は近いところがある。なぜ死んだのかと理由を問うが、なぜ生きるのかという問いは、その反対概念としてあるのか。単に死なないだけでも、生きているということにはなるが、積極的に「生きている」とはいえない。それでも、そういう人に向かって「なぜ生きるのか」を問うことは酷な質問だろう。同じように、消極的な死というものもあるのではないか。

「なぜ」という問いに対する明確な答えを持っているほどに、敢えて死んだわけでもない。

マンホールに落ちそうになって、そこでとどまらず、「ああ、面倒くさいし、今日は疲れ切っているから、もういいや」とそのまま落ちてしまう人が、結果的には、死んだということにされる。自動車のアクセルを深く踏み込むその時の、「ああ、もうどうでもいいや」があって、結果として事故を免れた場合と、事故になる場合との違い。

ヴィクトール・E・フランクルの『夜と霧』（池田香代子訳／みすず書房）には、ナチの収容所の中で、最後まで希望を捨てなかった者が生き残り、希望を失くした者から倒れていくとある。また〈人間とはなにかをつねに決定する存在だ。人間とは、ガス室を発明した存在だ。しかし同時に、ガス室に入っても毅然として祈りのことばを口にする存在でもあるのだ。〉とある。時に、生き残り、時に死んでしまう。しかも殺す側にすら回る。


「イケメンで人気もあったのに、なぜ死んだのか」というが、「イケメンでもなく、人気もないのに、なぜ生きているのだ」と問われて、どう答えるのか。生きるほどの理由もなく生きている人間がいるように、死ぬほどの理由もなく死ぬ人間もいるはずなのだ。確率的には低いが、死の危険がない社会ではないのだから、それは起こりうる。人を殺す行為も、悪の循環のような共同体や仕組みに、巻き込まれてしまったら、やはり起こりうる。

ネット上に、死に陥《おとし》れる言葉は、氾濫している。発信者を突き止めて、厳罰化に解決の方法を求めるのか。それとも、あくどい為政者に投票するような隣人に対して、もう少し厳しくすべきか。

おそらくは、そういった人間たちの中で死んでいく人もいる。もし止めたいのなら、やさしくあれ、としかいいようがない。それはまた、ある種の人間に対する厳しさでもあると思うのだが、それは多くの人間にとって、課題のはずだ。罵詈雑言は、それがなかなかできない者の無念の表明でしかない。そこにとどまってはならない。たったの今はできなくとも、その課題と常に向きあうことが、本気で生きているかどうかの一つの基準ではあると思う。そしていつかは、厳しくあるべきときが来る。それはたぶん、誰かの悲しい死を食い止めると思う。

むしろそういう役割を積極的に果たす、才能も行動力もある池田敏春が、自ら、この世界から退場したということが、あまりにも私は残念だ。実際に実力があるのに、あぶれた状態でいるのは、耐えられないと私は思う。池田敏春の書く文章が好きであった。

たとえば、月刊『シナリオ』でのアンケートの回答は、他の映画人にありがちな、複雑で持って回ったいい方などと違って、池田のそれは、スッキリとしていて、分かりやすい。腑に落ちるし、胸に迫るものがある。他者を評する文章もまた、少しの隠喩にとどめて、かなり分かりやすく、かつカッコいい文章になっているのである。

時代が古い新しいで、映画の作り方も変わるが、作る人間までがそれに合わせると、うまくいく場合と、そうでない場合とがある。

犯罪映画で、アナログの時代は、緻密なAＩやコンピュータ操作というよりも、分かりやすい動機の人間心理が描かれ、相手の読みの裏をかいてみたり、敢えて、牧歌的な方向に挑む作品に結果的になっているように思える。それがデジタルの時代となり、さまざまな方法を駆使できるようになると、それに合わせるかのように、無機質となり、心でビックリするような手口が減っていく。

池田敏春の資質は、たまたまホラーやスプラッター、グロテスクなジャンルにも合わせることができたかもしれないが、そこが本質ではなかったと、私には感じられる。
バイオレンス、グロテスク、スプラッター。石井隆は三位一体で上手くいっている稀有な監督である。物理的暴力、生理的暴力、心理的暴力。だが、池田敏春は、物理的生理的は良いが、心理的暴力が、一面的観念的なところがあり、もう少し複雑に、雑多な人間の粗雑さを観客に向けて投げ出しても良かったと思う。
監督としても天才で、可能性の塊だった池田敏春は、文章も切れていた。
〈映画を作るってことは名刺の束を持って四日市まで行くことだ、ってのが俺の映画に対する最初の理解なんで、はずみと勢いと偶然の三ツが重なって、成り行きで映画監督になったのなんて、俺ぐらいなもんだろうなあ。〉（『映画芸術』一九八九年秋号）
池田敏春のツイッター。
亡くなった年二〇一〇年の六月六日
〈目覚めれば　昨夜の酒を　悔いる梅雨　こんな駄句書いてると芭蕉に怒られそうだね。なにしろ『先師（弟子の下手な句に）終夜どどめきたまいけり』（去来抄）だもんね。〉
六月七日
〈月曜はいやだな…月一の精神科クリニック。ここ四年、鬱病の治療中。医者はざっくばらんでいい人なんだけど、鬱は波があるらしくて、なかなか治らない。この前も某ライターとの打ち合わせの時は鬱がひどくて、薬と昼酒でごまかしてた。〉

六月一三日
〈自殺願望＝鬱病なら、一八ごろからの宿痾ってことになる。四、五年で治るわけないか。『ハサミ男』でケリつけたつもりだったけど、心はそうもいかないらしい。『秋深き』は鬱の最高潮の時に撮った。つらかったな。〉
七月二一日
〈去年の同じ時期、心不全で救急車に乗った。今でもわが心臓は普通の人の二五パーセントしか動いていないらしい。早く止まれ、って。w〉

池田敏春は、『無頼人斬り五郎』というVシネマの傑作を撮っている。最も敬愛する、小澤啓一監督の代表作を、リメイクしたのだ。池田は、小澤を好きで好きでたまらない。月刊『シナリオ』一九八九年四月号には、先輩監督らの至言名言が、池田によって綴られている。最後には、当然のごとく小澤啓一の言葉である。

〈「おまえ、おれの真似ばっかりしているから、メチャクチャになるんだぞ」〉

『キネマ旬報』一九八六年四月下旬号で、「ディレクターズ・カンパニー」脚本賞に入選した山口雅子への文章もいい。

〈「チョキンが無いと、生きてる甲斐が無いんです」と山口さんはいった。（中略）山口さんは一児の母である。旦那さんの世話をし、子どもの面倒を見、そして仕事も持っている。そうしながら、毎朝二時か三時に起きて机の前で過ごして、それからウトウトする。そのうち夜が明けて――それを毎日続けているんだそうだ。「書いて貯めておかないと、死んだ方がマシだと思える」だから貯金なのだ。〉

『東京人』一九九一年一一月号「東京の女　つみきみほ」は、白眉だ。

〈この前、仕事で浅草をぶらぶらしていた。（中略）『人を見る目の愛嬌あふれて、身のこなしの活々したるは快きものなり』大黒屋の美登利が登場する『たけくらべ』の一節である。まるで樋口一葉がつみきを描写しているような気がした。おきゃん、という今は死語になってしまった美しい形容詞は、つみきみほの為に復活してもいいと思う。きりっとして、ひたむきで、相手の目をじっと見つめ、中途半端は許さない。曖昧な男はつみきみほの鋭い視線にたじろぐ。たじろぐことで、何か遠い郷愁を感じるのだ。おきゃん、のいた時代への。

美人だね、とロケ先のガソリンスタンドのお兄ちゃんがいった。うん、美人だ、と素直に答えた。〉

さて『無頼人斬り五郎』だ。小澤啓一が渡哲也主演で撮った代表作を、池田がリメイクしたのだ。主演は北村一輝。

そして、この作品には大竹一重と栗林知美が、細川直美の脇役で出ている。二人とも殺されてしまうのだが、ケバい化粧で薄幸の女を、「いかにもVシネ」という疲れと苦さで演じている。一方ヒロインの細川直美は、Vシネマでは見慣れない。出ているのは、アイドル起用枠の『今日から俺は！』ぐらいだ。国民的美少女の細川とミス日本の大竹の違いゆえなのか、場末の大竹一重に対して、細川直美を通しての目は、だからこそ市民社会という視点になる。

「あなたは逃げないの。私よりもずっと危険なはずよ」

「考えもしなかったな。けど、金田の妹（栗林）のことは気になる。この土地を離れられないよ」

栗林が泣きながら
「あんたバカだよ」

病室の窓から外を眺め、優しい目の北村、

「わかってるよ」

途中端折ってラストシーン。乗客の乏しい深夜バスで北村と細川の二人、遠くへ向かう。北村、ガラス窓の外、暗い夜の静けさを眺めながら漏らす。

「死んだものは死んだっきりだ。もう取り返しがつかねえや。風が強えなあ。お前の親父も、金田も、晴美も、不動産屋も、みな風の中だ。そのうち城山もそうなる。俺も……」

バスは着く。地方都市。

「何にしても、もう終わった。何も起きねえよ」

「本当？」

「ほんとだよ。腹へったなあ」

バスを降りてエスカレーターに乗る。駅ビルのレストランに入る。いや、細川だけ先に入らせる。

「俺の分も頼んでおいてくれ。タバコ買ってくる」

エスカレーターを下る北村。胸騒ぎし、見送る細川。

届かない。

「五郎！」

弾よりも速く。刺す、刺す、刺す。次から次と、チンピラ、坂田、銀行屋、萩原、最後に隆が立ちはだかる。クソみたいな親分でも守る。しかし五郎を殺れば助けたい細川を悲しませる。

インテリを相手にしていない「表現」でもって、メディアでまともに扱われることなく、だが飄々と撮っていた池田敏春。観ているこちらも自由だった。

神代辰巳の追悼で、池田敏春はこう書いていた。

『濡れた欲情』の芹明香は、バランス的に強すぎないかと神代辰巳に質問する。

「役者に惚れて、それで引きずられたら、それで良いんだ」

『人魚伝説』での池田もまた、白都の長い大立ち回りを、バランスを無視して押し切った。編集段階で、スタッフが「長すぎるから切ってはどうか」と助言する。池田は切れなかった。その時、神代の言葉を思い出す。

〈あの時の神代さんの言葉が蘇ってきました。『全体のバランスのことなんかより、役者がいいとそっちの方を大事にしたくなるんだよな。そのほうが俺が生きてる感じがする』〉（『映画芸術』一九九五年夏号「さよなら神代辰巳」）

探し物をして見つからない時がある。

一日中探す。日が暮れても探し続ける。だけど見つからない。夜中じゅう探して、翌朝を迎える。それでも見つからない。サラリーマンなら、ここでどうするか。探し物を一時中断して、徹夜の眠い眼を擦りながら、欠伸と共に出勤するだろう。フリーの人間はどうか。そのまま探し続けることができる。ここがヤクザとカタギ（堅気）の違いだ。

では、カタギの人間はその後どうするか。会社から帰って来て、再び探すか。なかなかそうはいかないのは、人間は移り気であり、また執念も持続しないからだ。それに「あとで観よう」とか、「また今度」というのは、必ずや、観ないし、やってはこない。人と会うにしても、作品と出会うにしても、今その時観なければいけない映画というものはある。

結婚相手だって、人生を決める映画だって、どこに隠れているかわかったもんじゃあない。ただし、会社にも行かずに探し続けることができたって、そうしないフリーの人間もいる。出版社やプロダクション、取引先のいいなりの使われ放題で、「サラリーマン以上にサラリーマン」という奴もいる。

そんな奴は、何かの運動であれ、抵抗であれ、闘争であれ、梃子でも動かないかと思ったら、あっさりとカネや女で動く。逆に、カタギのくせに実はヤクザという奴もいる。

ハードボイルド作家・白川道も書いている。

「心がやくざになっちまったら後戻りはできない」

『人魚伝説』の監督・池田敏春が、主演・白都真理の最後の長い立ち回りを「切る」ことができなかったのは、そこはもうヤクザになってしまった証明だ。

白都真理、そして池田敏春。一本あればそれでいい。これほどに幸せなことはない。

五人目のビートルズといわれるブライアン・エプスタインのドキュメント番組（NHK－BS）に出ていたマキノノゾミは語っていた。

「本当の願いでいうと、一本で良いんです。何か芝居一本心残りの無いものが……。たとえば、僕は生きて、この世にこの芝居を一本残したよ、と自分で胸を張っていえるようなものがね、作れたらなと思う。作りたいなと思います」


池田も白都も作ってしまった。あの時代、一九八三年の『竜二』まで、生き急ぐように、やり尽くしてしまう。まだいくらでも、途方もなく傑作が続くだろうと思われていた、たとえば長谷川和彦、石井聰亙などなど、『太陽を盗んだ男』、『狂い咲きサンダーロード』。それは少なくともその一本だった。

『海潮音』の荻野目慶子、『ザ・ウーマン』の佳那晃子、『天使のはらわた　赤い教室』の水原ゆう紀、『天使のはらわた　赤い陰画』の泉じゅん、『魔性の香り』の天地真理、『(秘) 色情めす市場』の芹明香、『襲られた女』の忍海よし子。近年の『そこのみにて光り輝く』の池脇千鶴、『百円の恋』の安藤サクラ、『ひとくず』の古川藍、『女たち』の篠原ゆき子。皆、この一本だけで、絶対的に幸せな女優であり、映画史に名を刻み、かつ少なくともその時代に蠢いていた、巷のヤクザどもに響き、場末のカタギどもに共鳴した。沢木麻美なら『聖少女　濡れた花園』。

それは記録されるものではないし、記憶として一瞬しか共有されないものだ。

『人魚伝説』。その一作に匹敵する。湯布院映画祭。一度も行ったことはないが、行った人間（たとえば死んだ南木顕生など）から数々の映画人ならではのエピソードを聴いている。しかしその熱狂は、あの時代にこそのものであったことも。

かつて、たとえば一九八三年のそこには『竜二』という映画があった。監督の川島透と主演の金子正次は抱き合って歓喜を噛み締めた。その時札幌にいた私は、その翌年、大阪にいた。一九八四年ふたたび『人魚伝説』によってさらなる熱狂があったという。池田敏春と白都真理は、抱き合って喜んだかどうか、そこまでは知らない。だが、匹敵するだけの作品であった。

「切らない」「切れない」。カットされることのなかったそのことによって、『人魚伝説』は永遠だ。ところで、切らずに残す。斬らずに遺す。そこにはいったい、何があるのか。探し物を探し続ける行為とは何か。サラリーマンだって、別に、その日休んでしまえば、そのまま探し続けられる。だが、そんなことをしてしまっては、もうヤクザだ。探し続けた成果は、ものが見つかることに非ず。

では、いったい何か。何なのか。その行為そのもの、その執念そのもの、その無駄そのものの中にある。それは、ぽっかりと空いた空間だ。

エスカレーターの前で、タイミングをはかって立ち止まっている老人がいる。そのエスカレーターの回転するスピードに乗って行けない。回転式の自動ドアの前でも、挟まれる恐怖に立ち止まっている人がいる。遊園地の大観覧車の遅いスピードにさえ、補助員の手を借りてさえ乗ることができない。身体の、心の障がいなのか。

社会のルールに、学校や会社の規則に「乗ることができない」人間もいる。朝、通勤で電車に乗る。満員というルール。時間というルール。それ以上に、目標の到着駅で降りるという当たり前のルール。スピード。そこから漏れ落ちてしまう者がいる。

池田敏春は、もういない。追悼したいわけではない。弱くて逸《そ》れた者の追い風になるような、おかしな人間が消えていくのは嫌だなあ、と思う。

そう思いながら、実は昨日、会社で反乱を起こし、私なりの風を起こしている。

映画は遺志をバラ撒く。私も「切れ」といわれて、「ハイ、そうですか」とは行かない。

その7

橋場千晶《はしばちあき》～タッチ・バニシングポイント

生き急いだ男

橋場千晶。二〇〇〇年三月八日。くも膜下出血。四八歳で死去。人生は人生だ。あまりにも早くに死んだ。その時、とてつもなく忙しく、かつ病を押して無理をした脚本家。一九九五年に飯島直子主演の『Ｚｅｒｏ　ＷＯＭＡＮ　警視庁０課の女』でデビューし、その年が三本、翌一九九六年は二本、一九九七年が三本、一九九八年が五本、一九九九年が六本、二〇〇〇年は三月に亡くなったのだが、六本の作品が製作された。さらにテレビアニメ「名探偵コナン」や二時間ドラマも書いていた。

この時代、テレビドラマ、映画、Ｖシネマを通じて最も売れていた作家の一人であったことは間違いない。だが、ほとんど誰にも知られずに死んでいった。

橋場千晶とともに仕事をした原田聡明は、同じ脚本家で、一九九八年、一九九九年と各四本発表し、二〇〇〇年は二本。ところが、橋場の死によって、原田はその後、二一年生き続けているけれども、一本の作品も発表してはいない。

一九九九年から、原田は、私を橋場に会わせるといい、私も橋場も「会いたい」といっていたが、橋場はシナリオ書きでの忙殺と病。私自身もVシネマバブルが来ていて、互いに忙しかった。「会うのは来月にしましょう」「もう一月伸ばしましょう」そうして三月に亡くなった。

今さらなのだが、あんなにも生き急ぐ必要があったのだろうか。死の二年前の月刊『シナリオ』一九九八年一月号に、橋場の「私のシナリオ作法」という記事が載っている。そこには、彼の生活ぶりも書かれている。

〈私のトレーニングというか、具体的生活パターンを書くと、おおよそ次のようなことになる。酒宴を開き、明るく健全に語り合う。（中略）ノルマとして一日平均二本の映画をビデオで鑑賞する。寝る直前まで読書をする。月イチで旅行に出て、あちこち回る。（中略）年に一度は入院する。病院で二～三週間過ごす。〉

そんなにまでして、生きて死にたかったのか。

一周一二〇〇メートルほどのランニングコースを、約二時間ゆっくりと走る。現在五九歳の私の話だ。途中、腹筋を多い時で五〇〇回程度、腕立て、背筋、その他の運動を混ぜながら、できるだけ遅く走る。ほとんどすべてのランナーに抜かれてしまう。医師からは、もっと無理をしてもいいといわれているが、私自身ブレーキをかけている。

三二歳でガンとなって、胃を全摘出し、五五歳で心疾患となり、心臓の冠動脈にステントを入れた。歩くレベルの走行。このペースで良いと思っている。

私を追い抜いていくランナーたち。彼らの人生を羨ましくは思わない。障がい者が健常者を見る目に近いかもしれない。早く走りたい奴はご苦労さん。

橋場千晶は、間違ってでも、不意にでも、私に会っていればよかったのにと思う。遅れて走るしかできない私を、遅くともそれが人生なのだという私を、見ていてもよかったのにと思う。たとえそこで、どんなにゆっくりでも、そこで命が止まったとして、そこがゴールなのかは、私にも、他の誰にも分からない。それが人生だ。


原田がシナリオを辞めたような状態なのは、橋場の死に関係があると思う。

二〇〇二年に私は映画『Vシネマ魂』を監督するが、橋場の死に関して、原田に出演してもらった。橋場といつも打ち合わせをしていた多摩総合病院でロケをした。橋場が亡くなったのは杏林大学病院だ。

原田は一九九三年に橋場と知り合ってすぐ劇画原作の手伝いをしないかといわれた。橋場が四一歳、原田は三八歳の、いよいよ仕事に脂が乗っていく年齢である。ところが「明日から入院なので、病院で打ち合わせをしよう」というのが第一回で、その後も死ぬまで病院での打ち合わせが多かった。

原田は一九九〇年に自らの脚本で監督デビューし、借金を抱えるも、橋場との出会いから仕事が舞い込み、一九九八年からの一〇作品は、順調な時期であった。だが、橋場の死とともに、筆を折ってしまったかのようだ。シナリオ作家協会の理事になり、大学やシナリオ講座での講師を今も続けているけれども、生き急ぐことに敢えてブレーキをかけているようにも見える。私と共通の師である神波史男、共通の友人である南木顕生、二人のシナリオライターを失ったことも大きい。だが、「脚本の」結果が出ない原田を見ていて歯がゆくもある。

そして橋場の死もまた歯がゆい。彼の記録を探しても、映画そのものはもちろん残っているけれど、彼の死を追悼した記事は、原田聡明が、月刊『シナリオ』に書いた見開き二ページの「タッグマッチ・リーダー」のみである。

〈たまたまJWPという女子プロレスを見る機会があった。そのメインイベント四対四のタッグマッチ。チームの中にいつの間にか、リーダー格が生まれ、弱った者を自然にかばい、攻撃の時は共闘する。橋場さんは仲間に差し伸べる手を、仲間を攻撃した怒りを書いていたのだ。〉

原田の他には、私の『キング・オブ・Vシネマ』という書籍だ。Vシネマのベスト一〇〇本についてそれぞれ解説をしており、橋場に関しては、全シナリオライター中二番目に多い四本を選び詳述。しっかり記されているのは、その二つのみである。

『キング・オブ・Vシネマ』は私が選んでいる。「手心を加えているのでは」といわれるが、私の場合、一切そういうことはしない。この一〇〇本のなかに原田は一本あるが、師の神波史男も、親友の南木顕生についても一本も入ってはいない。

人の生は途中経過でしかない。大体人間の人生は一〇〇年と決まってはいても、死はいつも唐突だ。二〇〇年生きると思って生きているバカはいないけれども、それでも、一一〇年ぐらいは生きると思っている人間はいる。私はある時期から、自身の身体、内臓も含めて、そんなに長く使える体ではないと思っている。

橋場の遺伝子

先日（二〇二〇年）、インタビューをしてきた。今現在最も輝く男。本宮泰風である。

というのも、この二〇二〇年から、Vシネマが今さらのように、密かにブームを起こしているのである。たまたまコロナ禍で家に引きこもり、ネットフリックスの韓国ドラマ「愛の不時着」などが人気で、それらの一つに、Vシネマとしては、過去のものと比べてもそれほどに突出したものはないはずの『日本統一』というシリーズが、引きこもりの家庭にじわじわと浸透してしまったのだ。『日本統一』は五〇作を超えて現在も作られ続けている。これに嵌まったという人が、佐藤優ら著名人も含めて広がりブームを起こすというおかしな現象が起きた。その主演が本宮泰風である。

実をいうと、『日本統一』は、ネットフリックスで一位を獲得し、劇場版『日本統一』が一一月公開の予定であった。大盛り上がりを見せているのである。GYAOなど、何作品かが期間限定の無料で見られるチャンネルもあり、Vパラダイス契約ならば全編、Huluやネットフリックス、Uネクストも積極的である。映画やテレビドラマが不調でジタバタしている時期に、忘れられていたVシネマが、配信というジャンルで復活し、凄まじいブームとなっている。セブンイレブンでもブロマイドが発売された。

もともとレンタル主体だったVシネマというこのコンテンツがネット配信用に上手く嵌まった。これまでのVシネイメージを払拭するくらいに、その内実とは別に、この波に乗るだけの、主演の本宮泰風の明るさが、後ろ暗さからは無縁の光を持つ主演の姿が、見る人たちに受け入れられている。

それは、一時期、韓国やくざ物のリアルさや、肉を切らせて骨を断ち切るといったような派手なアクションではなく、かなり現実の嫌なドロドロ感覚と結びついていて、地味な怨恨のやり取り描写のようなものの日本バージョンが横行していたのに対し、明らかに、新しいヒーローの本宮泰風が主役として、それもVシネマ二〇年以上の実績を引っ下げて現れたのだ。そこには、気軽に見られる軽い携帯小説・携帯漫画のようなアイテムとして、若い人たちや女性に受けるだけの「清新さ」と「カジュアルさ」があった。

本宮の相棒で弟分役の山口祥行の方は、美しい佇まいの本宮と対照的に、欲望にギラギラしているキャラクターであるにもかかわらず、これまでのVシネマ主演スターに見られる、大人の世界の気持ち悪さが驚くほどにない。この二人が、群集劇の中で、仲間たちと独特の空間を作っていき、回を重ねるごとに役者としても、物語としても同時に成長していくというスタイルは、橋場千晶がVシネマに持ち込んだ世界観、いわば橋場ワールドである。

実は、本宮泰風は、橋場が生んだスターともいえる。彼の初の主演シリーズ『仁義絶叫!』は、橋場が最も乗ったシリーズであり、本宮はそこから全く新しい華を持ったVシネマのスターとして登場した。『仁義絶叫！』は本宮の実兄・原田龍二が主演したシリーズ『野望の軍団』の姉妹編で、そこにも本宮は登場していて、これを書いたのも橋場千晶であった。刑務所内の敵対する者たちの群像劇で魅せるグロスの男たち。一人のヒーローよりも、常にモブシーンのような集団でのスクラム活劇。この発展形であり、ある意味での集合形、完成形が『日本統一』という巨大シリーズである。

なぜ、こんなことが起きたのか。人々は、新しく発見したに違いないのだ。

コロナ禍で家に引きこもり、彼らは、雑な人間たちをネットで発見した。テレビや映画にはない新鮮な、しかも低予算で安っぽくチャチな作りなのに、その演技力は凄まじく、かつ培ってきたチーム力、家族的なかつての映画の撮影所の大部屋が持っていた力、スタッフを含めた分厚い総合力、それらを初めて目にして、参ってしまったのだ。

脚本家の山田太一が若い頃、「渋谷食堂」という店に一人で良く通っていた。渋谷ハチ公前の交差点から辻向かいにある、今はＴＳＵＴＡＹＡやスターバックスのあるビルの場所だ。

当時は相席で、そこで山田は、知らぬ人たちの会話を聞くのがひそかな楽しみだったと告白する。

〈「もうよう、一〇人もの兄弟がいてよう、残ったのは俺たちだけじゃねえか。死んだ三人は仕様がねえが、あとはなんだよ、自分のことばっかりで。もうよう、こうなりゃあよう、俺たちだけは、ちょくちょく会おうじゃねえか」

兄らしい中年男が高揚していうのを、気の弱そうな弟が、いまにも逃げ出したいような相槌を打っていたのが妙に残っている。それほどくっきりしたものではなくても、他人の人生は面白かった。学校の交際とはちがう世間を覗く機会がその店の相席ぐらいしかなかったのである。（中略）相席は、長いこと密かに私の望むところだった。しかし、当然のことだが、世間は相席を嫌うようになり、一人の客はカウンターとか大テーブルに集められて、人の会話を聞く機会はめっきり減ってしまった。〉

（『夕暮れの時間に』山田太一／河出文庫）

シンガーソングライターの松任谷由実も、喫茶店で、お嬢様育ちとは別種の世界の話を、耳を澄ませて聴き、作詞に役立てていたという。

おそらく、映画やテレビに見飽きた人たちは、Vシネマという、忘れられ一旦は飽きられていたジャンルを、今さらのように、ネット配信で「相席」したのである。懐かしい、そして以前よりも「観る」人たちの職業構成の幅も広く、年齢も重ねて踏ん張っている妙なVシネマの住人たちを目撃したのである。

死んでからさえバトンタッチされる。橋場千晶の蒔いた種が、本宮というVシネマを代表する、成長した大スターとなって花開いた。橋場の死後二〇年、こんなことが起きるものかと私は驚いた。

本宮泰風は、作品の中で見せる明るさとは裏腹に、橋場千晶と菅原加織という屍を背負って出てきた俳優だ。後者は、菅原文太の息子である。文太は、息子の出演を喜ぶように、橋場の書いた『野望の軍団』シリーズに客演している。だが加織は鉄道事故で亡くなる。ある映画雑誌の編集長と私とで、菅原文太の本を企画した。住所をたどり、ＪＲ信濃町駅から訪ねたことがあるが、会えなかった。断りの手紙が届く。

〈もう映画について、一切語る気はない。〉

ただ、息子の加織について、書いてくれたことをとても感謝しているとあった。

その人間の道筋と、そのスターの道筋がある程度の一致を見るとき、そしてどちらともなく引きずられ、なぞり、どちらが素なのか分からなくなるほどに、芸術や芸能活動で表現されていることと実人生とは断ち難いものがある。

二〇二〇年夏。コロナ禍で、またしてもＶシネマが注目された夏。

本宮の清新な顔に、菅原加織と橋場千晶の二人の姿がダブった。会ったことのない橋場に、会えた気がした。

橋場は、「私のシナリオ作法」で『あなたのシナリオ作法とは何か』という問いにこう答えている。

〈面白いということについて、一つだけいえば、悲劇でもホラーでもバイオレンスでもエロスでも、見終わった後、気恥ずかしい言い方だが、明日を生きる意欲を沸かせてくれるか否かが最大のポイントになる。〉

コロナで意気消沈しているこの空気に、明日を生きる意欲を、本宮泰風が、その名の如くに、風を吹かせている。

橋場の遺伝子が生き残り、未だ二度目の死を迎えていない。橋場は生きている。

その8

山田辰夫《やまだたつお》～サンダーロード・ライダー、死んだあの日のこと

小沢という友だちがいた。革ジャンにリーゼント。ヤンチャな学校でもない中にいる数少ないツッパリだった。だけど背が小さく喧嘩は弱く、女にもモテず、しかし、いや、だからこそ友だちだった。

しかし、と書いたのは「映画が好きだった」といいたかったわけだ。

こいつと始終映画を観に行っていた。なぜか？

私は、あまりにもたくさん映画を観る。かつ周りに暇人が少なく、結局「小沢と行く」という形に落ち着く。それも特殊な映画を二人は好きで、それは全くもって一致していた。

それが理由だ。

当時、小沢と私とのベスト映画が一本あった。

二人とも二人して、ともに熱狂し、しかし学校では実際相手にされなかった。ブームさえ起きていなかった。全国、特に東京ではその熱狂があったことはあとから知ることになるが、小沢と私とは、二人ブームを巻き起こし、全国に存在するそれらと呼応することもなく、時が来るのを待った。

時というのは、なんということもない。その体験を、熱狂を語る、ただそれだけのことである。そ

の映画について私はしかし、未だ熱狂の中で語ったことはない。

小沢はさらにそうであろう。その後、私のようなフリーの作家というヤクザな稼業には就かず、カタギな職業を邁進している以上、可能性としては低い。

まだ一世風靡セピアとしてデビューする前の一九八〇年五月二四日。哀川翔、いや福地家宏は、ある映画の初日に向かった。

『狂い咲きサンダーロード』。

この映画の監督、石井聰亙（現・石井岳龍）に熱狂し、まだ無名のロックンロール・パフォーマー哀川翔は、『爆裂都市』の乱闘シーンに出ている。これこそが彼にとっての最初の映画出演である。だから、一世風靡セピアを起ち上げ、デビュー曲『前略、道の上より』のプロモーションビデオは石井に頼んだ。

石井聰亙といえば当時、もちろんパンクでアナーキーな監督の急先鋒であったから、右翼や任侠と結び付けられやすい匂いを持ったセピアとは、肌合いは良くないように見える。

しかし、石井は、アナーキーの伝説的なプロモ『維新'80』を皮切りに、スターリン、スタークラブと続くパンクバンドとの関わりの途上に、哀川翔が現れたのである。

とにもかくにも始まりはそれだった。

『狂い咲きサンダーロード』。

哀川翔に出遅れること数年、私もまた、石井聰亙に出会う。

一九八二年七月三一日。中映劇場というピンクの小屋。

「熱気・狂乱・バカかげん」。

石井聰亙が選んだ一日限りの映画祭だ。『ミーン・ストリート』『アウトロー』『クワイヤ・ボーイズ』『襲られた女』とあと一本は思い出せない。途中で映画を観ずに、石井聰亙とともに映画館を出て、朝まで酒を飲んだからだ。

そこで住所を聞き、手紙を出し、東京行きの準備をした。

返事が来た。長文だった。

〈大学で上京してから映画をやればいいではないか。だけど、今どうしてもというなら、助監の一番下でもよければ来い。〉

しかし東京には行かず、その後、映画関係らしき仕事をしている今も、まだ石井聰亙に再会していない。恥ずかしさもあるが、石井聰亙自体も、その後思ったような道筋を歩いていない、という事情もある。

会いたくないのだ。

同じように、会いたくても会いたくない、しかし会いたい、と思う男がいた。

それが『狂い咲きサンダーロード』の主演、山田辰夫である。

ロードショー公開の最初の一週間で五回観にいったのは、あとにも先にもこの『狂い咲きサンダーロード』だけである。山田辰夫は私にとって、ヒーローや神様なんてものを数段超える存在であった。

レコード・プレーヤーを持っていないのに、この映画で掛かるPANTA&HAL、泉谷しげる、ザ・モッズのレコードを買い、部屋で穴の開くほど眺めていた。

学校をサボり、映画を観てはその帰りに、三越、四丁目プラザ=通称四プラ、パルコと共に、札幌のメイン交差点の一角をを構成する一角のレコード屋、玉光堂地下の試聴コーナーで繰り返し聴いては、また帰ってきて、ジャケットを眺める。

小沢も札幌からは少し遠い千歳市から通うことができないので、札幌で一人暮らしだったが、訪ねていってもたいていは遊びまわっていて、いなかった。

だから私は、アパートの中で一人狂い咲いていた。

白紙で答案を出したことはあるか。

おそらく結構たくさんいるだろう。

だが全科目、抗議文を書いて、出すのはしんどい。その時間がつらい。

私の知る限り、漫画家のさいとうたかをと私しかいない。

さいとうは、こういわれたという。

「白紙で出すのは君の意思だから構わない、だが、答案用紙を提出するのは君の義務だ。自分の責任の証明として名前だけは書け」

この先生の名が、『ゴルゴ13』の主人公と同じ東郷である。

私の場合は、二年から三年進級時に、留年問題となる。

その時、物理の吉田守という教師が、「私にあずからせてくれ」といった。

いや、その話を、随分あとから、他の複数の教師から聞いた。

実際のその時の吉田は、放課後、私に補習授業をしてお説教はもちろん何の一言もいわなかった。

いや、ぼそっといった。

「谷岡、お前、これで良いのかよ」

もう少し話をしていればよかった。

白紙。なぜそんなことをしたのか。生徒会長に立候補して落選する。小学校で児童会長、中学で生徒会長を務めていた。焼け石に水。何をやろうとしていたのか。当時のノートには世の中への悪態がこれでもかと書かれている。

『十九才の地図』という映画で、新聞配達の少年が、気に入らない家にチェックを入れていた。荒井晴彦が脚本を書いた若松孝二監督の『餌食~グルーピー』という映画では、テレビに映る政治家に向けてピストルを向ける爺さんがいた。的外れな攻撃に向かう姿を目にする。『タクシー・ドライバー』のトラビスは、大統領選挙候補に向かっていく。

秋葉原で車を暴走させた加藤については、派遣の働き方が問題とされた。

自分の住むアパートやマンションで、自転車が横に倒れていたとする。自分の自転車なら、殆どの人は、たぶん立て直すだろう。

隣の家の自転車なら。あるいは複数台ならどうする。

何台までが許容範囲か。

自分の住むところではなく、通りがかりの駅で、倒れている自転車一台ならどうするか。

人によっては、時間がなくとも、何十台も倒れているそれを、元に戻す人もいる。

実は、いつも朝、中学のグラウンド前を通ると、必ず、異様な怒鳴り声を耳にする。ただただ指導にもならない暴力的な教師なのか、キチガイなのか。生きる気力を奪うほどの濁声だ。いつか、動画を撮ってとか、学校に、ユーチューブの、マスコミの、などと考えるものの、たいていは時間がなく、いたたまれない気持ちでその場を去る。いや、その後に私は、声を上げた。

声。声を上げる。

大橋巨泉が生前『週刊現代』に「今週の遺言」という連載をしていた。

もう最後の警告だったと思う。

〈ボクの父は戦争中、電車の中で「こんな戦争、早くやめればいいのに」と友人にいっただけで憲兵にひっぱられ、拷問されて、傷だらけで帰って来た。戦争とは、そんな社会になるのである。（中略）法衣の下に鎧を隠しているような男の言動にだまされてはいけません。〉

アベノマスクに対して、誰もなにもいえないから、実際に作られ出回る。

暴力指導の濁声について、中学校にいえない。地域の住民ならば、却って住みづらくなる場合がある。同調圧力、バカがリーダーになり、能力ある者のほうが弾き出される。

そんな気分を、高校二年のあの頃丸ごと、そして高校三年に入ってすぐの春、山田辰夫の『狂い咲きサンダーロード』が、切り裂いてくれたと思う。

白紙答案でなくて、生徒会会長選挙という政治でなくて、俺も映画をやるよ。

一〇代にして最終出口の気がした。

山田辰夫にはいつか会えると信じていた。

山田を追いかけた。『鉄騎兵、跳んだ』『ヨコハマBJブルース』『もっと激しくもっとつよく』『オン・ザ・ロード』『凶弾』『すかんぴんウォーク』『聖女伝説』。どれも変で、どれも山田辰夫でしかなかった。

そして『ネオチンピラ　鉄砲玉ぴゅ～』で哀川翔と共演して以来、哀川翔作品においても重要なバイプレイヤー振りを発揮し、『とられてたまるか！』など欠かせぬ相棒のように存在していた。

私は安心して観ていた。もともと哀川翔にとっても山田は、『狂い咲きサンダーロード』の、あの憧れだったよき先輩である。だから、私にしても、本当にいつでも会えるような気にもなっていた。

すぐ近くにいるかのような。

地方で映画しかない毎日を過ごしてきた若い人間は、飛びついた相手に、一人は共演し、一人は未だに、死んでからさえ、会ったとしても、会うに値しないと思え、泣くことしかできない。

山田辰夫も哀川翔も私も、新潟と鹿児島と札幌の映画館から、東京を見ていたのだろうか。

小学、中学、高校、社会人と、誰とどういう出会い方をしたのかを考えてみると、遠くにいるときや、死んだあとに、その深さを思い知らされることがある。山田辰夫に関しては、そういう出会いがあったことを確かめられた。私がたまたま読んだインタビューの誌面から、あるいは噂話から。

実際に出会った人間の誰よりも、山田辰夫に出会っている、といってくれた人がいた。それは、もしかして、死後のことかもしれない。死んだその時まで、やはり、私は未だ出会ってはいなかったのだ。残念だ。

哀川翔の本を書いていて、その先にいる山田辰夫。だが、考えてみたら、彼の映画は観ていても、彼についてては知らなかった。山田辰夫がアカデミー賞外国映画作品賞『おくりびと』の監督、滝田洋二郎と、同じ田舎だったなんて。二人して一緒に、汽車で上京していたなんて。それらは、ずっと後になって知った。

『おくりびと』がアカデミー賞に弾みをつけたのは、モントリオール映画祭である。ここに出品されたのは、『おくりびと』とサトウトシキ監督の『ジャイブ』である。滝田、サトウともに、ピンク映

もある。


画出身の監督だ。

滝田の『おくりびと』が、モントリオール映画祭でグランプリを取る。だが、配給の松竹は、受賞の場に人を送り出してはいなかった。その時滝田が、次作の『釣りキチ三平』の撮影をしていたこともある。


サトウトシキからある人物に連絡が入る。

「滝田が取ったよ」

ピンク映画界のゴッドマザーと呼ばれる人物「おねえ」、朝倉大介こと佐藤啓子である。松竹の人間が同行していないことに憤慨した彼女は、宣伝担当を呼び出して叱り付ける。そこからアカデミー賞への快進撃が始まったともいえる。

『釣りキチ三平』で萩原聖人の演じた役は、始め哀川翔がキャスティングされていたようだ。『少年メリケンサック』では宮崎あおいの、『フライング☆ラビッツ』では石原さとみの、とそれぞれ主人公の父親役を演じてきた哀川翔が、今度は『釣りキチ』で香椎由宇の父親役というのは、ありえない話ではなかった。だが、萩原になった。

「俺、芸術派の監督には嫌われているのかなあ……」

少し、弱気な哀川翔がいた。

一〇〇人以上の監督と組んだ哀川翔が、かすっていた滝田洋二郎。アカデミー賞監督。

かつて憧れ、いつの間にか哀川と同じ役者仲間として存在した山田辰夫。

滝田と山田とは、高岡商業高校で三年間同じクラスの同級生だったという話をしたら、哀川翔は驚いていた。

「えっ。そうなの⁉」

滝田と山田の二人は別々に有名になり、近年、監督と役者という立場でいっしょに仕事をするようになり、アカデミー賞を受賞した『おくりびと』では、山田は重要な役どころを演じることになる。

『映画秘宝』で石井聰互特集かもしくはサイバーパンク映画特集で山田辰夫のインタビューが載っていた。『キネマ旬報』では『おくりびと』関連でやはり、山田辰夫インタビューが載っていた。どちらも良かった。山田辰夫の人柄がうまく引き出されていて、現在の山田辰夫と過去の山田とが自然に交差していて、裏と表がともに現れるような笑顔の秘密に迫っている印象をも持った。評論家にも愛された男だった。

だけど私なら、そのどちらのインタビューよりも良いものを書ける。そう思った。思い上がりだとしても。

単に熱いだけでなく、長い時間を貫いてきた、いつか始まるための胎動や、一方で失われていくものを抱えつつの諦念。

山田辰夫に会いたかった。

ガンだというのは分かっていた。見たら分かる。たぶん、割腹手術を経験しているなあ、と。多くのガン患者を見てきた。そのうちの三〇人ぐらいの死を隣で見た。彼らと長く共に入院生活していると、良くなっていくとか、駄目になっていくとか、そういう兆候も割に見えるし、何よりガン特有の暗さが体全体にある。生きていくという意欲も力も出ない。特に肝臓でのガン患者は顔色に現れる。

山田辰夫は私と同じ胃ガンだったようだ。

単なる予想だけれど、テレビで見るあの人もあの人も、今のところ公表はしていないが、ガンの手術をしているだろうなあ、という人はいる。力の出ない顔。顔に力が無い。山田辰夫にもその匂いはあった。でも私は、まだインタビューをしたいわけではなかった。

『狂い咲きサンダーロード』の永遠性が邪魔をしていた。その山田辰夫が亡くなった。更に永遠性を増すではないか。早く出会えるだけの存在である私になっていたかった。

『ネオチンピラ　鉄砲玉ぴゅ～』で山田辰夫と出会えた哀川翔。うらやましい。

いまさら何をいうか、だ。自分で情けない。せめてそのことを語りたかった。語れる相手は哀川翔しかいなかった。

死ぬ前に会うべき人のために、私も一人前の人間になろう。だが、今日もまた、白紙答案を出したくなる欲望を抑えている。哀川翔が眩しい。山田さん、さようなら。

死んでから一〇年以上経った。やっといえた。

さようなら。

その9
桜塚《さくらづか》やっくん～ケジメにもならない

桜塚やっくんが死んだ。良からぬ噂も聞いた。

「一人のお笑い芸人の死に、いつまでも拘《こだわ》りつづけているのは、お前ぐらいのもんだよ」と幾度もいわれた。だが、そこに見え隠れする世の中の理不尽と、言葉にしづらい「やましさ」のようなものが私にはある。それを文字にして留めたいという気持ちをどうにも抑えきれない。

二〇一三年一〇月五日午後四時五〇分ごろ、山口県の中国自動車道下り線で、ワゴン車が中央分離帯に衝突した。乗っていた成人男性五人のうち、タレント、斎藤恭央さん（三七）と砂守孝多郎さん（五五）が車外に出たところを後続の車二台にはねられ死亡。この斎藤恭央が、お笑い芸人「桜塚やっくん」だ。五人は熊本で行われるコンサート出演のため、現地へ向かう途中だった。

かつて読んだ文章に、その死には、理由があると書かれていた。それは単なる思い込みでも、またデータによって検証された分析でもなく、ただただ理由が「あるのだ」という冷たい事実と、同時に温かい肯定が胸を打つ要素として含まれていた。

それは、「俺は三〇歳まで生きられないだろう」と嘯《うそぶ》いていたマーク・ボランが、三〇歳の誕生日を目前に、自動車事故で死亡した件について書かれていた。マーク・ボランのアクセルを踏む足のバイオリズムが、死に向かっていった、という。自殺といえない自殺だった、と。

だが、事実は、愛人の運転する車の助手席に同乗していたのだという。しかしそれでもなお、その死には説得力がある。死に向かう理由があるということに、何ら変わりはなく、死は、記憶をとどめる者に対しては語り続ける。


平成元年に放送が始まった「平成名物TV いかすバンド天国」という怪物人気番組があった。そこでは新人バンドがメジャーデビューを目指して、毎週キングを争う。その評価は実力通りとはならない。その日の状態もあるが、司会との上手い組み合わせや、評論家との奇妙な巡り合わせ、そしてカメラやブラウン管の先の視聴者との相性、さらに時代の気分との噛み合い方、それらがかなりの運を伴って「理由」がある如くに、死をも巻き込んで、その舞台の上で、出場者たちは漂っていた。

実力的に秀でた、「フライング・キッズ」と「ブランキー・ジェット・シティ」「たま」などが、その後の活躍をするのは予想の範囲だが、この番組ならではの人気者も多数現れた。下手をすると勘違いして、その後の人生を誤らせる効果もたぶんにあった。

私が最も愛したバンドは、おそらく出場バンドの中で最も不良性の強い三人組の「風来坊」で、C

Dも買い、ライブも観たが、メジャーシーンからは消えていった。

「カブキロックス」の氏神一番も、妙な受け方をしてのちVシネマにも出る。だが、彼の脚光の浴び方は、却って別の才能を削がれたのではないか。氏神を含め、この「イカ天」において、その場限りであれ、「天下」を取った者は、その場を同時体験した者にとって、永遠の瞬間となり「ピークを知る者」として記憶に刻まれる。

そして「イカ天」と同じTBSの番組「エンタの神様」だ。若手お笑いの登龍門で、かつ、この番組自体がメジャー化して、人気の中心を担うことにもなった。

実力派といわれる「タカアンドトシ」や陣内智則、長井秀和などの扱いはまあまあだったが、あまり面白くもないのに、この番組だけ特別扱いをされるほど局地的人気の者もいた。

それと同時に、この番組でこそ最も光り輝き、実際に面白いのに、他の番組や場所では光を発せられない不思議な人たちもいた。割に優遇されていたのは、波田陽区や犬井ヒロシなどの唄い系芸人だった。番組の趣向に合致していたのだろう。この番組のみ光を発していた中には、ムーディ勝山など番組とは合致しているとは思えないのに、時代の空気に嵌まった者もいた。

その中でも時代の空気と、観客の反応と、視聴者の望むものとの全部がうまくかみ合った時期に現れたのが、元「あばれヌンチャク」の桜塚やっくんだった。

少年時代は、ジャニーズ事務所「ジャニーズJr.」の一員として活動する。日本大学芸術学部映画学科へと進み、「劇団無視」でも活動。大学卒業後も、芸能事務所「人力舎」の芸能養成学校で、アンジャッシュ、アンタッチャブル、ドランクドラゴン等を生んだ「スクールＪＣＡ」に入所し、その後に「あばれヌンチャク」としてデビューした苦労人だ。番組用に合わせて、ネタもスタイルも変えて起死回生の新登場だった。

二〇〇五年一一月に「スケバン恐子」として出現してからの桜塚やっくんの大活躍は、瞬間風速で他を圧倒し続け、吹き荒れまくった旋風のような「エンタの神様」での三年間は、番組とピタリと一致した。彼（彼女）こそ、「キング・オブ・エンタの神様」であった。

二〇〇八年七月までやっくんは、流行語にもなった「ガッカリだよ」を吠え続ける。ほぼ毎週登場し続けた。彼の消えたあとに、番組も同様に人気が下降して、二〇一〇年三月で放送は終了した。「エンタの神様」は後にスペシャル番組として放送される。もう桜塚やっくんの出ることのなくなった、何度目かのスペシャル番組が放送されたその日、二〇一三年一〇月五日に、彼は亡くなった。

やはり、氏神一番等のように、二〇〇七年、やっくんは、Ｖシネマに流れてきて出演していた。

映画評論は、映画に対して弁証法的に生まれてきたものではない。映画の結論や表現を補完するための改築ではなく、映画を材料として使用する新築である。別々の土地である。映画の死を傍観するしかない存在である。映画と共闘することはできるし、また映画は映画同士、評論は評論同士で切磋琢磨できるが、映画と評論の切磋琢磨は、できない。評論される映画はすでに遺物であり、既に死んでいるからで、評論で変化するのなら、その作品の作家名の欄に共同作者として登場することになるだろう。

死んでから、それを評するものが作品として立ち現れる。その死によって分断され、つながりの可能性の否定を宣告されているのが映画と評論だ。要は別物。

二〇〇八年のあの日、あの時まで、桜塚やっくんを観ていた。死へのダイビングは、その頃から始まっていたのかは分からない。ただ、ある役割を演じるか演じさせられるかの闘いと葛藤を、キャラクターという愛される偶像のなかで、消化しきれなかったように思えた。

桜塚やっくんのブログ「見ないとがっかりだよ」を見ると、パリでのライブからの帰途、九月二四日にやっくんは、三七歳の誕生日を飛行機の中で迎えていた。そして九州へのツアー直前には次のように書いている。

二〇一三年一〇月三日一二時一〇分
〈最近は、遠征したり打ち合わせしたり、収録したり、なんだか毎日めまぐるしく動いてます(>▽<;;)(中略)週末は九州だし、体力残しておかんとね>>(>▽<;;)〉

二〇〇五年「エンタの神様」にスケバン恐子で登場し、最後の二〇〇八年から五年後、三七歳という若さで逝った。

彼が二〇〇七年にスケバン役で出演したVシネマは、『岸和田少年愚連隊 カオルちゃん最強伝説 女番哀歌（スケバンエレジイ）』だ。出演シーンはタイトル前のワンシーンで消され、なのにジャケットでは準主演で使われる。

　この作品での音楽は、ロックバンドＲＯＧＵＥのボーカリスト、奥野敦士だ。二〇〇八年に、転落事故で頸椎損傷し、首から下が動かなくなる。奥野敦士が車イス生活となったのは、再起を目指して、少々身体を鍛えようと思って力仕事の途中に落ちたということだ。だが、これもまた、本当に「身体を鍛える程度」の高所作業であったのか。

　南木顕生は、急死する一年前、二〇一三年四月のピンク七福神と呼ばれた映画監督上野俊哉の死について、貧困の問題を言及していた。映画界には、ピンク映画に限らず、生活保護を受給している者も知っているだけで数人いる。

　一五年前のことだ。妻の帰りがちょっと遅いなあ、と思っていたら、案の定、不吉な予感が当たった。会社で機械に腕を挟まれて大怪我をしていた。腕が無くなるところだった。偶然に人がいてスイッチボタンを押した。傷跡は結局今でも消えていない。会社はその後倒産した。お金があれば、そんなところで仕事はしない。

　二〇二〇年二月二三日に亡くなったプロレスラー木村花にしても、コロナ禍で閉ざされていた経済的な問題を私は考える。お金があれば、見通しがあれば、あの番組「テラスハウス」は、トラブルの時点で降りていたのではなかったか。続けようとするから苦しくなる。

『スケバンエレジイ』での忸怩《じくじ》たる気持ちに懲《こ》りることなく、三年後にやっくんは、『桜塚やっくんの宇宙極道戦争』という作品で、主演としてVシネマに帰ってくる。アザトサをも武器に変えて、それでも素で勝負しようとVシネマに挑んできた桜塚やっくん。

その頃、他のVシネマの現場で、私が子どものころ青春ドラマで主演を演じていたスターが、「大物ゲスト」として出演しているシーンに出くわした。一日だけのシーンではあるが、ギャラが五〇〇〇円だという。

「ええっ。五〇〇〇円ですか」

「いつもそうだよ」

元スターはしらけていた。

Vシネマは既に形骸化し、決まりきったパラダイムを観る側がなぞっている状態だった。このジャンルを面白いと思って集っていた人たちが、観る人の中にも、作る側にも減っていた。そして二〇〇九年に、Vシネ助監督から、私にこんなメールが届いた。

〈Vシネも今度こそ終わりです。おっしゃる通り、自分を含めて作り手の目に光がない。金がないにも程がありますが、何よりカッコつけてるだけで人間のみっともなさを描こうとしない。世間はもうそういう映画を求めてないんでしょう。

やる気が出ませんよ。俺いまテレビやってるんですよ。局でエンケンさん（注：遠藤憲一）や松方さん（注：松方弘樹）に会ったらひっくり返って驚いてました。だけど、食うために「猫かぶる」しかしょうがないです。

文太ふう（注：『仁義なき戦い』の菅原文太）にいえば、「わしらの時代はもう仕舞いで」後ろ向きですいませんが、そんなとこです。〉

桜塚やっくんの死に対して、〝エンタ芸人〟たちのコメントが、『週刊朝日』に載っていた。全部で五人。室田稔（ガッポリ建設）、アントキの猪木、コージー富田、芋洗坂係長、岸田健作（元いいとも青年隊）。いいたくないが、五人とも皆、なんて〝微妙な〟人たちなのだ。

桜塚やっくんが好きだった。

恥じらいがあって、だけど、震える手で耐えていた。笑顔でやせ我慢する魅力があった。新幹線ではなく、ワゴン車だった。自分で運転していた。外に飛び出してしまった。招かれた。

二〇〇七年、頭の良いやっくんは、Vシネマを、まだ武器として「使える」など判断したのだろう。仕方なくではなく、むしろ売り込みの道具として、新しい息吹を吹き込みに来たような場違いな迫力があった。

だがそれは、勘違いだった。もはやVシネマは、ブームを終えて、人びとは去り、予算もなく、下火も下火、もうとっくに賞味期限は切れていた。Vシネマ側も、ただ、都合の良い芸人で、しかも元売れっ子として「使える」と踏んだのだ。だが、桜塚やっくんを上手く使い切ることなど、できなかったのだ。まさに、彼の決め文句通り「ガッカリだよ」の展開になった。

結局やっくんは、さっさとVシネマに見切りをつけて、別の道を模索するも、どれもが裏目に出た。Vシネマが余計な履歴にしかならなかった。あれだけ頭が切れて、行動力もあって、何度も試行錯誤の末に復活してきた人間が、その才能を、最後は、貧しい交通移動手段と余裕のなさによって、命まで落とすことになった。

あの日、やっくんの運転するワゴン車が、ガードレールに衝突。

マネージャーの砂守さんが車外に出て、携帯電話で警察に通報していた際に、後続のトラックにはねられ死亡。それを見て路上に降り、後続車を止めようとしたやっくんも、乗用車にはねられてしまう。

無頼の脚本家、神波史男が、『ミナミの帝王』の脚本家、永沢慶樹の自殺に際し放った言葉「貧困の問題」が、そこにはあったと私は考えた。Vシネマは、その受け入れ先にすらならなかった。

〈彼（注：永沢慶樹）の「動機」を知らぬといった。だが僭越ながら、現在の若い映画人の自殺に「貧困」が係わっていないはずがない。特に彼の場合、〝シナリオ作家協会〟の委員の一人として、ビデオ映画の二次使用料（著作権）の獲得のための闘いの矢面に立って闘ってくれていた。（中略）蘇武君（注：神波史男の友達で自殺した脚本家）にしろ永沢君にしろ、もちろん経済的な行き詰まりだけが「動機」ではなかったのだろう。だが、それを忖度することは、少なくとも私にとっては無意味で、ただ虚しいだけのように思える。〉（『映画芸術』〇一年春号　「破廉恥なひとつの追悼」神波史男）

お金がないから、危ない現場で働いて、怪我もするし、自殺に追い込まれもする。お金がないから、車を九州まで運転して事故にも遭う。だけど、心まで貧しくならない。

かなり年齢を重ねても、同じ失敗を繰り返しもするし、わかっていても防げない危機もある。そしてその後に不愉快な気分になることも予想ができて、なおかつ無抵抗なまま時が過ぎていく。

取材費がなくて、遠路を諦め、恥ずかしくなるくらいの謝礼を渡し、自分でも分かる位の冴えなくて寂しい笑顔を相手に見せている。それが私だ。その上でなお、頓挫し、流れた幾つもの企画を思い出し、自分を重ねている。

神波史男が永沢について語ったように、少なくともやっくんに対して、申し訳ない気持ちがある。何がそうさせるのかは分からない。

二〇二〇年一二月三〇日「エンタの神様」最強ネタスペシャルで、ほぼラストに桜塚やっくんのかつての映像が登場した。「今は天国にいるやっくん。私達はあなたの事を永遠に忘れないでしょう」というテロップがナレーションと共に流れた。

忘れられないよ。本質がどこなのかもわからないVシネマでのあの笑顔を。

その10

南木顕生《なんきあきお》～あいつのいない劇場

【青春列車】

親友といえる年下の人間に、先に死なれたことがあるか。

ある。南木顕生という脚本家だ。

順番が逆だろう。私の骨を、お前が拾うんじゃなかったのか。

あいつが三〇歳で、私が三二歳の時に、出合い頭で遭い、あいつが四九歳で逝く。組んず解れつの一九年と五カ月であった。

周兵衛（ハンドルネーム）の日記

〈『竜二漂泊　1983』（谷岡著）の中で、南木氏は優しい映画人としての顔が描かれている。（中略）まるで兄弟の様にも見える。南木さんと飲んでりゃ谷岡さんの話が出る。羨望と嫉妬と尊敬をジメジメ語る。谷岡さんと飲んでりゃ南木さんの話が出る。褒めりゃ調子に乗る不肖の男だが、悪いヤツではないのだ…と、ヤツのヒトとナリをリベラルに語る。

出来の悪い弟と、そんな弟に呆れつつも可愛がる兄。〈谷岡さんに、弟を亡くした兄の無念の哀しみを見た。〉

二〇一四年の三月一六日のことだ。南木は解離性動脈破裂で倒れ一〇時間の手術をした。二週間が過ぎ四月を迎えた。意識不明のままだ。難しいかもしれない。おそらく元には戻らない。言葉が溢れるまで書けない。

意識不明。人はどんな状態でも死ぬまで耳は生きている、聞こえているという。ボケていても、意識不明でも、目が開かなくて話せなくとも、耳は聞こえているから喋ってあげるといい。そう聞いたことがある。言いたいこと、伝えたいこと、言いそびれていること、告白すること、謝ること、その日の出来事。

四月四日に死を迎えた。だが、私は病室には行かなかった。分かっているなら、傍にいるだけで伝わるかもしれない。だったら、遠くにいても伝わる。だけど、近くで、声に出して伝えなければ、お前はいったい何をやっているのか。

あいつの奥さんに呼ばれて死体を見た。生温かく、眠っているといわれてもわからない、変わらない「あいつ」がそこにいた。医学上やその他の法律上などで「死」というだけに過ぎない。死んだ人間が、「死んでいる」ことを証明する物体や、実情や、方法は、実はそんなにない。

翌日、近くの公園を一〇キロほど走った。やはり死を信じることはできなかった。

あいつと私とは、ともにガンとなり、あいつは再発もした。同じ師を持ち、その師もまたガン患者であり、しかし全く不慮の事故ともいえる軽微な病でもって、あの世へ逝く。

二〇一二年三月四日に、師の神波史男が逝き、二〇一四年四月四日に、南木顕生が逝く。同じ年の一月二三日、既に私の父が亡くなっていた。〇から四の数字に収まっている。

いつもある人物のために、書いてきたつもりだ。だが、そう思ったとたんに死んでいく。一人死に、二人死に、もう誰もいないのか。お前には、あの人がいるではないか。それはそうだ。そしてその人間も死んでいく。

神波史男とも、父とも、南木顕生とも、日常的に、私は会話をしている。それは生きていた時と同じで、今度いつか会おうとしている状態であり、その日が未だ来ていないというただそれだけのことだ。私の書く言葉は、生きている人間であれ、死者であれ、変わりがない。変わるのは、受け取る側だけなのだ。

私が子どもの頃、父親が、よく窮地に立ったとき、スパナで窓ガラスを割ったり、子ども（つまり私だったり弟だったり）のおもちゃをぶっ壊していた。たいてい父は、当時の金で一〇万円ぐらい持って家を出ては三日から一週間で戻ってきた。その一〇万も、手持ちである場合もあれば、悪い友達から借りて出て行く場合もあり、時に暴力団の友人から借りた。いろいろな付き合いのある仕事でもあった。それで借金が膨れて、義理の兄にぶん殴られるシーンを何度か見たことがある。

南木は、父のだらしなくて弱い部分がやけに似ている男だった。ただ、あいつは、父とは違ってすぐに調子に乗り、気が大きくなった。

薬におぼれていたり、あるいは世間でいうニートやパラサイト、病んだ人を私はあまり嫌いになれない。自分もそうだから。

しかし、壊れた人は、人間に過剰に依存し、おぼれ、そこが誤解の種となり、それ故に人間を深く観察し、好きになれるという特徴を持った人たちでもある。

南木もそうだった。もちろん過大に評価しての話だが。奴に無批判に寄り添うというのではなく、批評的に関わりあいたい。そのためには、一度離れた上で、批判する連中に対して逆に、アンチ批判を自分の病を知りつつ展開するという方法もありだろうか。

そんなことを繰り返し、付かず離れず今まで二〇年が過ぎた。カッコつけて書くとそうだ。だが、ここまで、たいしたことを書いていない。書けない。

あいつにはずいぶんと甘えてきた。同じ匂いがあった。ただし、私の方には降りられないことがいつも一つはあり、あいつにはたくさんあるようで一つもなかった。私にはそう見えた。だからそれほどに、ひどい目にも遭わない。

『新宿乱れ街　行くまで待って』という映画で、「青春列車」という電車が出てくる。御茶ノ水から三鷹まで走る中央線のことだ。

「俺たちは青春列車に乗っている。名をなし、仕事を持った奴から順に、この列車をどんどんと降りていく。乗り続けているのは、青春とかいっていているだけの、降り損ねた奴ばかりなんだ」

あいつは、ずっと乗っていた。

青春列車。今も乗っている。


【手紙】


人が死んだ時に飛び交う言葉は基本的に醜い。亡き人は言葉を持たず、欠席裁判となるからというのではない。もはや当人の描いた作品か贋作かもわからないものについて、あれこれと解釈し「彼らしいラインがここだ」などと評する虚しさがあることに無自覚な場合が多いからだ。そこでの言葉には、立派な人格や人柄、情けない振る舞い、佇まい、たくさん観ることができる。亡くなって批評される当人がもはや、その批評において、それほどに重要な素材ではなくなっていくのは、語り手が語るに落ちているゆえである。「死んだ彼は、自分を天才だと評してくれた」という追悼文がある。その彼に生前、「お前、本当にそう思っているの？」と尋ねると、「思っているわけがないだろう」との回答。ただし、その言葉自体も私に対するウソかもしれない。つまり生きている者とは、死者の上に存在していることをせめてその時ぐらいは思いだすべきだ。

あいつの手紙を発見する。ドイツのフランクフルトの映画祭出品のための手紙だった。それが意味するものは、発見した奥さんにとっても一つの未来であり、希望であり、結局は遺筆となった。

誰が亡くなっても、その人間の作品と人柄を知っていても知らなくても、作品に触れた人々によって「偲ばれる」。

南木の奥さんを初めて見たのは、二〇〇〇年の一〇月だった。あいつの師匠に当たる脚本家神波史男もいた。あいつが脚本の映画『鎖縛ＳＡＢＡＫＵ』を近親者で観に行った。その時一四人で行ったのだが、お金を集めるのに南木の仕切りが出鱈目で、一三人分しかないという。そういう不備やミスは南木のそれまでの行動からよく遭遇したことなので、しつこく、細かくチェック表を作るなり、ちゃんとした管理をしろ、と私は口を酸っぱくいっていた。にもかかわらず、またその時も南木は「やっちまった」。

馬鹿だ。私はその一四人の中に、勘違いか故意か不慮の事故なのか知らないけど、（私は私ではないとここでいえるけど）金を払っていない奴がいた。南木もしくは神波さんが立て替えたはずだが、私は限りなくそういうことが嫌だった。それは南木という人間の弱点そのものでもあった。だから、あそこでもっとうるさくいえることができたなら、運命も変わっていたかもしれない。その後も、血管が詰まった可能性があるといって、強くいえたはずだし、ＭＲＩをとり、結果オーライで安心だとへらへら笑っていたときも、これほどあいつの寿命を短くすることはなかったはずだと思う。

栓無いことをよく書くなア、と感じる人もいるだろう。品がない、と思う人もいるだろう。これが私の人間性であり汚辱だ。生きていたって地獄だ、というお為ごかしも「定型句」としては知っている。私もガンで入院している時に、いくらでもいわれた。でも、どうせこの文章を読むのは、結局生きている者でしかない。地獄だって生きていた方が良い。ときに、地獄こそが生きているということである。

気丈に語り絶句した喪服姿の南木の奥さんから、何が地獄ですか、という問いが強い光をもって発せられた。映画館で、お金がどうしたこうしたというあんな最悪の状況で、彼女はあの男を選んだ。かなり泣きはらした跡のわかる赤い顔の彼女であったが、その横で眠る、無念が一杯のはずのあいつの顔は、自信にみなぎっているように見えた。

そんなはずはない、というかもしれないが、そうだった。不思議な光景だった。

あいつが好きだった曲『デイドリームビリーバー』。

もちろんタイマーズの方だ。あいつは原曲なんて知らない。原曲を歌うモンキーズという名前すら知らない。タイマーズという名すら知らないかもしれない。知っている私の方が、本当には、この曲の肝を知らないのかもしれない。

♪ずっと夢を見て、安心してた。ずっと夢を見て幸せだったなあ
テレビで曲が掛かるたびに、何年経っても、涙が出る。

♪ずっと夢を見て、今も見てる。ずっと夢を見させてくれて、ありがとう
あいつは、一体何がよくて、この曲を聴いていたのだろうか。おそらくは、それほどの理由はないはずだ。それほどでもない理由の、それほどに詳しくない男の、その詳しくなさゆえに、それほどに語り合いたくもなかった曲が、誰よりも、劇的に、一番に、効く。

もう今は、今の南木は、どこにもいない。あの頃の南木だけしかいない。

尽きた世界の白昼夢。

【映画日記】

死後に、南木の『遺稿集』（オムロ）が出て、そこに収録されたのが、「南木顕生ミクシー日記」である。二〇〇六年六月から二〇一四年三月までの七年九カ月分の映画日記の抜粋である。オリンピック月はアップが少ない。映画を観に行く頻度が落ちている。二八三〇日のうち、二三五四日分書いたわけで、全体の八三パーセントだ。特に六月は九四パーセント近く書いている。途中での入院や旅行などもあるので、いかに多くの映画を観ていたかが推し量られる。

二〇〇七年の日記は、年間の全日数三六五日全部を意地で映画評論を書ききった。壮絶だった。それが何だったのか。あいつが亡くなる翌年九〇歳で亡くなる長老の脚本家・山内久は、月刊『シナリオ』で、こう語っている。

「若いシナリオライターがそれなりにやって行けるなら、それはそれで良いと思うけど、作品世界の小ささが気になる」

南木は先輩シナリオライターが山内さんの話をするので、それを受け売りのように語って聞かせていたけれど、最期はますます小さい方に向かって行ったように思えた。その小ささに何があるのか。本を読み返していて、迷走しながら格闘していたことが分かる。

妻が、あるとき、家族と過ごした時間よりも、あなたと一緒にいる時間の方が、もうずっと長いと漏らした。駆け落ちしたときは、妻を私の人生に巻き込んだと思ったものだが、いつの間にか、彼女の人生に巻き込まれてもいた。それは南木に関してもいえた。南木の人生にも私は巻き込まれていた。

南木顕生の生涯を、短くまとめると、こうだ。

一九六四年九月一六日、現在は大阪府阪南市である泉南郡東鳥取町生まれ。シナリオライター。日本シナリオ作家協会所属。

阪南町立貝掛中学。大阪上宮太子高校。追手門学院大学卒業。まずは広告代理店勤務。映画会社・大映株式会社関西支社に潜り込み、配給宣伝、のち撮影所へと異動し、映画会社・幻燈社を経てアルバイト生活。シナリオ作家協会の「シナリオ講座」に通い、一九九四年『熱帯低気圧同盟』で城戸賞準入選佳作入賞。翌一九九五年五月二日公開の『狩人たちの触覚』（監督・佐藤寿保）で脚本家デビュー。映画検定一級保持者。映画、テレビ、Vシネマ計二一作品脚本、映画一作品監督。書籍一作品出版。死後の二〇一六年一二月二日、第四回シナリオ功労賞受賞。

南木と共に学んだシナリオライター長尾洋平が、城戸賞受賞のころまでについて、日記に書いている。

〈南木さんと初めて会ったのは、以前は、高田馬場のインド大使館近く、ＹＭＣＡの会館でやっていたシナリオ講座の席でだった。シナリオ講座には、基礎科と研修科の講座があり、半年ずつ一年で完了というカリキュラムになっていた。ぼくは、二二期の基礎科と研修科を受講した。南木さんとは、研修科で初めて同じクラスになった。南木さんは、二一期の基礎科と研修科を修了し、ぼくと出会ったのは、二回目の研修科受講でだった。受講料は払っていないとのことだった。講座には、自分を脚本家にする責任がある。脚本家になるまでは面倒を見てもらって当然だ、というようなことをいっていた。

数回目の講座の後、クラスの有志と近所の喫茶店でお茶のみになったのだが、その席でちょっとした議論になったのが、最初の交流だった。

ゲスト講師に井筒和幸氏が来ていた。南木さんは、以前、大映社員だった時代からの友人であったこともあり、講義中にも関わらず、他の受講生を無視して個人的なやりとりとしていて、何というか、実に鼻持ちならない感じだった。

そういう南木さんの態度に対して、ぼくが批判をしたことで、議論が始まったのだった。同席したクラスメートが引きまくる中、ぼくと南木さんはえんえんと議論を続けた。

研修科の講座は、ゲスト講師の講義と専任講師による実習が交互に行われていて、実習では、受講生の書いた二〇〇〇字プロットをクラスで合評するという形式になっていた。その場でも、南木さんは傲岸不遜な態度を貫いていて、まるで講師が二人いるような状態になっていた。ぼくは、そのあたりのことにも触れ、いろいろと思いの丈をぶつけさせてもらったという訳だった。

この時の議論で、ぼくは逆に、南木さんに好印象を抱くようになった。南木さんは、相手の意見を理解し、ちゃんと議論ができる人だった。そして、その後の実習でも、南木さんのコメントには共感することが多く、作品に対しては誠実で、嘘のない人だと思うようになった（作品に対する誠実さは、終生変わらぬ南木さんの美徳だったと思う）。

基礎科からいっしょだった他のクラスメートが南木さんの陰口をいうのを聞きながら、ぼくは、むしろ彼らに対して飽き足らない気持ちを強く持つようになった。

研修科の講座の後半では、もう一人専任講師（高田純さん）を迎え、シナリオの合評を行う授業になる。その頃、それ以前に応募していた南木さんの「熱帯低気圧同盟」のシナリオが城戸賞を受賞した。

ちょうど同じ頃、ぼくは高田さんに紹介してもらい、髙橋伴明監督の劇場公開Ｖシネマ「修羅の帝王」の現場に、助監督見習いとして参加することが決まっていた。ぼくにとっては、あこがれの映画の世界への第一歩であったのだが、これはトラウマレベルの大失敗に終わった。この約二ヶ月に渡る助監督見習いを経て、ぼくは高田さんに顔向けできないと思い込み、一度辞めた警備会社に復帰し、ロボットのように働く日々を過ごした。今思うと自意識過剰に尽きるんだが、この頃のぼくは、今以上にいろいろと面倒くさい自我を抱えていたのだ。

南木さんは、古巣の大映で「キャンプで逢いましょう」の脚本を書くことになっていたが、結局、降板し、当時、ピンク四天王と呼ばれていた佐藤寿保監督のゲイ映画「狩人たちの触覚」で、脚本家デビューすることになった。〉

南木は、文学界の芥川賞、写真界の木村伊兵衛賞、演劇界の岸田國士賞に当たる城戸賞準入選で、雑誌『キネマ旬報』に、入賞の言葉を一ページ丸々載せている。一部抜粋する。

〈思えば僕の人生の半分は映画中心だった。（中略）映画に携われる仕事なら何でもよかった。（中略）東京は僕にとって映画天国だった。辞めてからの一年間は、千本弱の映画を観た。そしてシナリオライターになることを決意した。（中略）最後になったが、師と友人と両親、そして「映画」に心から感謝する。〉

まず映画ありきの男だった。月刊『シナリオ』一九九六年六月号の「私のシナリオ作法」では、こうも書いている。

〈そもそもシナリオライターになるつもりはなかった。映画が死ぬほど好きだったから、映画に携われる仕事なら、コヤのモギリ（注：映画館の受付係）でもプリント運び（注：フィルム運搬係）でも何でもよかったのだ。運よくメジャーとは名ばかりの独立系映画会社の関西支社に潜り込めたので、出来ればそのまま居着いて本社でプロデューサーになりたかった。（中略）しかし関西支社閉鎖により系列スタジオに回され、（中略）そして何のアテもないまま会社を辞めて路頭に迷っていた。そんな時、偶然飲み屋で知り合ったのが神波史男（注：脚本家）さんだった。〉

南木の死後三年を経て『南木顕生遺稿集』（南木顕生／オムロ）が発売された。編集を頼まれたが、シナリオを読めないので断った。

あとがきは、奥さんの南木宙子が「南木の青春期」と題して書いている。

南木の青春期であり、それ以外のタイトルはないと私も思っている。

〈二〇〇〇年代に映画と心中すると豪語していた南木は、二〇一四年四月四日に、自ら初監督した作品の公開を待たずにこの世を去りました。

南木の青春が終わったのは、正に、二〇一四年四月四日だったのだと思います。

青春という、ダサくて、カッコ悪くて、それでいて限りなく重く、かけがえのない言葉は、あいつにこそ最も相応しかったのだと、今さらながらあらためて思うのだ。〉

『グリニッジ・ビレッジの青春』という映画がある。一九七六年に公開され、このとき南木は小学六年、私は中学二年で、どちらも田舎町の子どもとしては観ていない。のち私は、高校で、南木は大学でこれを観る。映画や芸術を目指す若者の集まる街、それがニューヨークにあるグリニッジ・ビレッジというマンハッタン区ダウンタウンにある地区である。ビート・ジェネレーションやカウンター・カルチャーの「東の」中心地である。ここから名をいただいた映画ファン団体「グリニッジビレッジ・シネクラブ」（以下はGV）が発足したのは一九八四年で、中心人物は『キネマ旬報』その他の執筆で活躍した古東久人だ。ここに南木も大阪から集った。急逝した北村広一も中心メンバーだ。「GV」誌の「シネマディクト（映画酔狂者）はゴキゲンななめ」という記事で、南木はこう書いている。

〈田舎の中学を卒業して大阪市内の高校に代わり（中略）それまでのボクにとっての映画は、ブラウン管の中で窮屈に収まっているものが大半だった。（中略）しかし、映画へのパスポートを手に入れたボクは、自然と映画館へ足を運ぶことになる。そして、そのことは、映画以外にオモシロイことをイロイロ知っていた少年を、映画だけしかオモシロイことを知らない少年に変えてしまったのだ。〉

さらに南木の文章は続く。

〈突然だが、イマ、恋をしている。一目惚れだ。そして片想いだ。何の照れもなく世界で一番彼女が好きだ、と自信をもって答えられる。

実らないかもしれないけど、このまま振り向いてくれないかもしれないけど、彼女が好きという事実だけで、ボクは下手な両想いより幸せだと思っている。

飾らない自分で接することができる相手が、はじめて見つかったような気がした。互いの感性を理解し合い、認め合える女の子に、出逢えたような気がした。一緒に人生を走ってくれるパートナーだと直感した。

だから、彼女から付き合っている男性がいると告白された時は、ショックだった。顔では平静さを装っていたが心はボロボロだった。

でも、そんなことぐらいでは僕が彼女を好きという気持ちは変わるハズもない。彼女を一人の人間として尊敬する気持ちは揺るぐこともない。

彼女はイマ大学院で勉強している学生だが、何年か後、必ず世に出てくると思う。どういう方面で活躍できるかはボクにもわからないのだが、彼女の成長を見届けられる距離にいつまでもいたいと思う。仮に一生結ばれることがなくてもだ。

そりゃ切ないよ。ツラいよ。苦しいよ。けど、それ以上に彼女を愛しているんだもん。しょーがないんじゃん。人を好きになるってことってステキだよ。最高だよ。彼女とめぐり逢えただけでも、神様に感謝したい。ホントだよ。(中略)

二五歳にして、恋のスタートラインにはじめて立てたような気がする。〉

私は、二五歳になる前に、既に今の妻と同棲していたが、恋のスタートラインには、私もまた、その時まだ立っていなかったと思う。南木は、城戸賞ののち映画界入りした。しかし、活躍の主戦場は「映画(ホンペン)」ではなく、Vシネマであった。

私の書く『映画芸術』連載もまた、当然の如く、「映画」ではなく、Vシネマであった。

この二人が東京で出会い、陳腐な言葉にしか聞こえない「青春」という名の、南木流にいうとシネマディクト人生を、私流には映画獣人生を、組んず解ぐれつ、陳腐そのもののど真ん中を二人して疾走した一九年であった。

南木は二〇〇四年に結婚する。その約二年後にミクシーデビューする。これが日本映画界の特殊な坩堝と化す。二〇一〇年以降のミクシー記事は、ある程度、『遺稿集』に納められたが、それ以前にも青春が詰まっている。

南木日記「美しの湯」　二〇〇六年八月一六日

〈アイディアに詰まると近くの温泉にチャリを飛ばしていくことにしている。うちの近くには温泉施設（というより実際は銭湯に毛が生えたようなものなのだが）が多く、千歳船橋には「世田谷温泉」、祖師谷大蔵には「そしがや温泉21」、用賀には「瀬田温泉　山河の湯」、三軒茶屋には「大江戸東山温泉」、高井戸には「美しの湯」といった具合にいずれもチャリンコで行ける距離にあるのだ。

チャリンコで行けるといっても中には「無理してチャリンコで行ける」のもあり、うちの家内なんかは付き合ってくれない。

で、本日「チャリンコ無理してコース」で「美しの湯」に行って来た。ここは本格的な岩の露天風呂がありサウナ、アトラクションバスともに充実している。値段も平日800円とお得（ちなみに土日祝日は1200円）。

今年の初め東京に大雪が降った時、どうしても雪見露天を楽しみたくなり堪能して以来の訪問である。何しろ「無理してコース」なのでしょっちゅう行けないのが難であるが、最もお奨めの温泉だ。

私はサウナと水風呂が大好物である。ギンギンに熱いサウナに乾涸びるぐらいに入って汗をかき、キンキンに冷たい水風呂に長時間浸かる。最初は耐えられないぐらいに冷たい水風呂が、次第に冷たさを感じなくなり、最終的には頭の中がからっぽになる瞬間がたまらなく好きなのだ。熱いサウナと冷たい水風呂、これを何度も繰り返す。あ～、カイカン！

サウナに飽きたら露天。ここは露天にも蒸し風呂があるので、蒸し風呂から上がったらフルチンで大の字に寝る。小雨が気持ちいい。

蒸し風呂、大の字、露天と何度も繰り返しているうちにすっかり夜に…。イカン、メシだ！

家に帰ってメシの用意。ビールが美味い。

ん!?　なんか忘れてるぞ？　そうだ仕事だ！

と、こんなふうに毎日お気楽に過ごしているわけです。〉

〈谷岡様　南木の突然死は気持ちの持って行きようが無く、まるで闘うリングから相手が突然消えてしまった様なもの、負傷し降りたのなら分かるが、これではレフリーも観客もいわんや二年間格闘し続けてきた私も全員がキョトンと鳩に豆鉄砲、「そりゃ無いぜ南木よ」なのです。

生き方も傍若無人なら死に方までそれに合わせた勝手気まま、正に南木そのもの。

人の死は残された者に大きな影を落とします。

だから人は如何に死ぬかを考え余力の有る内に用意を整えるわけです。

でも南木には時間的にも気持ち的にも全てが想定外だった。これからという時に余りにも劇的すぎる。ドラマなら「君、創り過ぎだよ。わざとらしい」と否定すらされる。

〈不条理な死〉、我儘な南木はしかし人一倍の正義漢でもあった。一番容認し難い結果をあいつはあの世でどう評価しているか？

ミューズの神が存在するならば南木に次回作を作らせたであろうに。意外とニヒルに「人生こんなものよ」と笑っていたりして…。

『竜二』の金子正次じゃないが南木も伝説の人になったのだろうか。

谷岡ちゃんに合わせ過ぎだね。ま、冗談はさておき谷岡ちゃんは十分兄貴の役割を果たしましたね。

無宗教の私でも散歩がてら行く寺で「南木よ安らかに」と深大寺、円覚寺、建長寺で声をかけました。何故か皆でワイワイ偲ぶ会よりも一人そっと「南木よ…」という方が今の私の気持ちに合ってます。

（中略）気の小さい南木は、映画の撮影中キャメラマンにいいようにあしらわれ、さすがに見かねた出演中の吉田達（注：東映の元プロデューサーで出演者かつ「Vシネマの父」）さんが「監督（注：南木）のやりたいようにさせてあげたらいいじゃないか」と援護射撃をしたと達ちゃんから聞いたとき何故か嬉しい感じがしたものです。

もうひとつのこれが南木かといったエピソードがあります。

南木と仕事中、彼が別口で〈山口瞳の短編〉の映画化シナリオを頼まれて余りに小さくて切り口が見えないという相談を受けた際、俺は全てを捨象しもし何か残ったらそれを切っ掛けに書けるのではないかと云ったところ、南木は何か感じた様で「有り難うございます。何か書けそうです」と答えた、その時の素直な南木にこちらがびっくりしたものです。

このように思い出の中に南木も消えて行くのでしょうか。こんな形で消える前に私の中では早や消えていた南木が今や強烈に復活してきているのはなんとも皮肉です。

何かやる奴でしたね、残念です。落ち着いたらまた会いましょう。小平裕〉

小平裕は、新宿高校から東大文学部美学美術史学科を卒業し、東映に第一一期（一九六二年）入社である。私や南木の師である、日比谷高校から東大文学部仏文科卒で東映入社の神波史男の四期あとである。

小平裕は、群馬県某市での取材で、約束時間よりも一時間早く着いて、現地での「打ち合わせ」に適したお店などを物色していた。もちろん南木よりも早かった。

待ち合わせの相手は、こちらの頼みに対し、無理をして、時間を割き、人や団体を紹介してくれる現地の大物であり、こちらが礼を尽くさねばならないのは当たり前の話であった。

そのぐらいのことは、いくら南木であっても、当然理解しているものだと思っていた。

小平さんと取材相手は既に到着し待っていた。五分遅れて到着した南木。小平さんがたしなめると、こう言い放つ。

「五分くらい良いじゃないですか」

この時、小平さんは烈火のごとくに怒った。

「お前は、シナリオを書くときに、こういう場で〝五分くらい良いじゃないですか〟という人物を、どんな人間として描くのか。今のお前は、まさにそういう奴なんだぞ」

その後はこの遅刻体質がやんだのかというと、全くもってそうではない。小平氏の前では二度と遅れることはなかったが、それ以前に、さらなる不義理が元で、喧嘩して会わなくなった。

ある友人の話だ。やはり南木に重要人物を紹介するということで南木の家に泊まった。渋谷で待ち合わせなのに、二〇分前で南木はまだ家にいる。バスに乗って、もう時間が過ぎているのに、その友人に対して、ゲラゲラと笑いながら夢中になって別の笑い話を続けている。

やくざの集まりは一時間前に全員がいる。なぜかというと、遅くやって来た人間は明らかに、バツが悪いために、余計な厄介ごとを押し付けられるからだ。

南木は、そのやくざも平気だといっていたが、ルーズで世間知らずな上に馬鹿だった。

南木日記「書くことのない日記」二〇〇六年八月二九日

〈カミサンが友達と江ノ島方面に遊びに行って、本来なら鬼のいぬまに映画三昧が出来るわけだけど、締め切りが明日の朝までだからそういうわけにもいかないし、今朝まで原稿書いていて寝たのがお昼前起きたのが夕方近かったものだから、カミサンがいようがいまいが当然この日は映画日和になんぞになることもなく、朝昼兼用のブランチをディナータイムに祖師谷大蔵「さかもと」で冷やしにしんそばとカツ丼を食しに出掛け、帰りに祖師谷温泉で一風呂浴び、いつものようにサウナ水風呂サウナ水風呂を繰り返しリフレッシュを試みるも、仕事をする気などさらさらなく、BS放送中の「近松物語」をBGVに、こうしてmixiで日記などを書いてるわけだが、書くことが何もない平凡な一日にある種の幸福感を感じつつも、明日の締め切りのことを思い出し暗澹たる気持になる、怠惰な三文モノカキの一日でございました。〉

気がついたら、奴がいた。

ある時期から、隣に妙な男が現れていた。雑誌『映画芸術』の一九九四年の忘年会である。私の顔をじっと見ている男がいる。

雑誌の編集長である荒井晴彦が、得意の皮肉交じりの本音でこういった。

「おまえら二人、嫌われ者同士、合うだろう」

断っておくと、私を嫌うのは荒井ぐらいのものである。

その男は、席を立つわけでもなく隣の女性を押しのけて、横にズレながら、にじり寄ってきた。

(ホモかよ)

喜劇と悲劇が混ざったような顔を包む、その分厚い眼鏡までもが、ズレていた。

嬉しかった。

こういう変な奴を、私は好きなのだ。

そしてわずかばかりの話をしたら、大きな声を出して、次のセリフを吐いた。

「あなたがヒトラーになるなら、僕はゲッベルスになりますよ」

(なんだよ。メガトン級のバカかよ。もしかしてオレよりもバカなのか)

無邪気に笑う二人がいた。それが出会いだった。

もちろん私はヒトラーになどなることなく、奴もまた、ゲッベルスになどなることなく、しかし結局は先に逝ってしまった。

南木顕生。出会ったとき、まだ何者でもなかった。

解離性動脈破裂。自分で救急車を呼んだというから、頭の方ではなく、胸の方の動脈が張り裂けたのだろう。要するに、タバコ、お酒、肥満、高血圧、高脂血症、運動不足、不眠、心労、全部が全部当て嵌まっていた。ガンをやって再発もしていたが、それでもタバコをやめられず、怠惰な生活もやめられず、その生活ぶりは幾人かのダメな映画人への当てつけなのかとも思えた。年金も払わず、年に五〇〇本の映画を観続け、年に四〇〇本近い映画批評を書き、年に三〇〇日以上酒を飲んでいた。破滅的な人生であった。

彼を好きだったという人は批評家を中心に意外に多く、批評家の阿部嘉昭や映画評論家の持永昌也、中村勝則などは南木を好きだったといっており、同じく映画評論家の木全公彦は「決して好きな奴ではなかったけれども」と記している。そして、多くの人が「嫌いじゃなかった」と。

荒井晴彦、加藤正人、柏原寛司、それら大御所脚本家たちと、それぞれ一人一人喧嘩して干されてもいた人間だ。何より、巨匠たちの次作の脚本を読んで、発表されたばかりの作品を観て、平気でダメ出しをする。なので、それがゆえに脚本の仕事もなく、それより、現状、皆が一番の生活の収入源としている講師の仕事が、南木には来なかった。悲劇的な人間とも喜劇的な人間ともいえた。

以下は、シナリオライターで、誠真会館長の井上誠吾のブログである。千葉真一主催「ＪＡＣ」出身の俳優でもあり、三池崇史監督でＶシネマの傑作『極道黒社会レイニードッグ』の脚本家でもある。

〈南木が、死んだ・・・？

訃報を聞いた時は・・・信じられない半面、仕方ないな、不摂生をしていたんだから・・・、と納得してしまった。そして、「早過ぎるだろ、バカヤロー」と思わず、胸の内で呟いた。

彼は――、脚本家の故・神波史男先生（誠真会館　物故特別名誉顧問）の弟子であった。

神波先生に紹介されて以来、二〇数年の付き合い。

彼が初監督した映画『ニート・オブ・ザ・デッド』の公開へ向けて動いていた最中の死であった。そして、二年半前には、映画『リトルウイング　3月の子供たち』（注：井上誠吾監督作品）に企画協力で参加してくれていた。不躾というか、無作法というか、天の邪鬼というか。思わず苦笑するほど、困ったヤツであった。

『リトルウイング　3月の子供たち』は、当初、小生と彼との共同脚本で進めていたのだが、何かにつけて方向性が違い、意見やアイデアを出すのではなく、批判や突っかかった物言いばかりするので、「お前は脚本から離れて、黙って見てろッ」とホン作りから外した。喫茶店で打ち合わせをしている時など、貧乏ゆすりはするし、コーヒーは溢すし、タバコを人の顔に吹きかけるし、ついでに咳も吹きかけるし、周りの客の迷惑も顧みずカン高い声で叫び出すし。いやはや困った男で。

そんな奴だから、製作会社だの、芸能事務所だの、劇場だの、あちこちで「出入り禁止」を宣告される始末。「お前、それで、よく生きていられるな」。同情と皮肉を交えていうと、「別にいいじゃん」とタバコを吹かし、ヤニで汚れた歯を見せながら、不遜に笑う。実に、可哀そうなヤツだ。

それでもなぜだか、会いたくなり、「飲もうか?」というと、どんなに遠くても指定した場所にやってくる。

南木よ……。生きている間、いろんな人たちに嫌われたなぁ。お前さんほど、人に嫌われたヤツは見たことがないよ。しかし……。俺は、嫌いじゃなかったぞ。きっと、お前さんは、心の奥底に、純粋な気持ちを宿していたにもかかわらず、それを素直に表現することが苦手で、天の邪鬼を演じていただけなんだ。と、俺一人くらい、お悔やみで褒めてやるか。〉

南木日記「40歳の童貞男」を巡る冒険　二〇〇六年九月一九日

〈妻が夜勤のときはレイトショーを観に行くか、温泉を浴びに行くかに決めている。

今日は前から気になっていた『40歳の童貞男』。都内ではユナイテッドシネマとしまえんのみの上映。ひじょ～に行き辛いのだが、ここは「庭の湯」という都内屈指の温泉施設があるのだ。映画・温泉といえば私が愛してやまないものの2トップ!今日の予定はこのコースに決めた!8時の上映が終わった後に温泉、こりゃ最高だべ。

ところが本日新しい作品の打ち合わせが夕方から夜の7時に変更。「40歳」の最終を確認すると一〇時三〇分開始。なんだ楽勝じゃん!ちょっと待て!? 終映時間は?

劇場に慌てて確認。終映は深夜〇時三〇分だって。終電には当然間に合わない。

そこで私はある作戦を遂行することになった。チャリンコで経堂から豊島園まで走り、一風呂浴びて電車で移動、銀座での打ち合わせに出席して、豊島園に戻り、映画を見てチャリで帰るという、大の大人とは思えない計画である。まさに童貞男と紙一重！

さぁ、どうなることやら…ミッションはすでにはじまっている。〉

矢野竜子さんの日記「マイミクさんの訃報」

〈歯に衣きせぬ物言いと人を怒らすのは天下一品でした。

昔、某元マイミクさんに、チクチクと苛められていた時になんきんさんだけが、いい加減にしろ！と戒めてくれたことも。ここまで自己愛の塊は、みた事がない。と飲み会の席でいわれ、翌日、私が怒りまくると予想外にごめんなさいされて、拍子抜けしたり。とにかく人を怒らせるのは天才的でした。〉

南木日記「40歳の童貞男」を巡る冒険（続編）　二〇〇六年九月二〇日

〈「ユナイテッドシネマとしまえん」に滑り込んだのが一分前。この劇場は去年のベストワン作品『クライシス・オブ・アメリカ』以来、スクリーンの大きさといい、椅子の良さといい都内のシネコンではかなりのハイレベルではないだろうか。客はケッコー入っている。終電もないのにどうするつもりなのだろうか？　皆、チャリンコなのか？

さて、『40歳の童貞男』である。（中略）なお、主人公は車を持ってない。移動はすべてチャリである。チャリ…なんとなく複雑な気持になる。

映画が終わって観客の動向に注目。おお、同士よ。皆、チャリンコではないか！　中には女の子もいるぞ。We are not alone･･･

中には颯爽とマイカーで立ち去るカップルも何組か…。お前らァ、カップルでこんな映画見るなよ。…いいなぁ、クルマ。

千川通りを環八めざして走る。練馬富士見台を通過する。ここは神波師匠住んでんだな、とフト思う。「まさか、ひょっとして…いや、深夜1時だぜ…でも…」

だめもとで、駅前の「庄屋」を覗く。

「…さけくれよぉお」と聞き覚えのある声。

いた！　やっぱりいました。日本映画界を代表する名シナリオライター・神波史男、七二歳！　なんて期待を裏切らない人なんだ、この人は!?〉

アール・ケイ（川畑隆一）さんの日記「再びの、追悼」

〈ひとの痛い処、弱い処を見抜いて遠慮なく、自分のこととかは棚に上げて、絡んでくる。批判してくる。実に鬱陶しい、腹立たしい男だった。嫌われる筈である。どつかれる筈である。そういう性格でなければ、今少し他人を尊重することができれば、潰れずに済んだ仕事も多かったのではなかろうか。それでも、私は彼のことを嫌いにはなれなかった。〉

南木顕生の奥さんに、一度、どうしても聞いてみたいことがあった。死後に尋ねた。

「あいつの、どこに惚れたのか。どんな部分で、好きになったのか」

「たくさん、嫌なところがあるんです」

そりゃあ、そうだろう。それは、多分、私の方が一〇倍くらいは目にしていて、実際に、私の方が数多く経験しているはずだという自信はあった。

「だけど、顕生《あきお》さん、弱い人が好きなんです」

それは知っている。もう一つというと、弱い人間同様に、強い側の人間もまた、あいつは好きだった。いや、実際は、嫌いなのに近づいて、ひどい目に遭っていた。

「報道や、身近な話や、映画やドラマを見ての感想もそうなんですけど、絶対的に弱い者の側に立って、テコで押しても引かないんですよね。弱い人や、弱い人の話が登場すると、それまで、結構強い側を肯定したりしているくせに、相手がどんなに怖くて危険な人であっても、圧倒的に、弱い側に立って頑張るんです」

そのことについて、私は、誰よりも知っていたつもりである。あいつは、涙目になって、力説し、抗議する。失うものの量を計算せずに闘いを挑む。無根拠に、相手の理不尽以上に、自分の主張が理不尽であってさえ、頑張るのである。問題は主張ではないからだ。弱い場所や位置に置かれている、その立場や存在が、社会や仕組み自体が問題だからだ。

けれど、未亡人の彼女の口から、その話を聞かされると、とても新鮮で、とても困った。

新宿の安い喫茶店で、恥ずかしいほどに、私の涙は止まることがなかった。

あいつがいなくなってから、家に猫が現れる。そう、未亡人はいう。写真を見せてもらった。やはりあいつは生きている。

「谷岡さんが、やるんだよ」

涙目で訴える。猫はまだ、私の前に現れてはいない。


北京波（吉川隆夫）さんの日記「また逢いたいね」


〈友だちが彼岸へと旅立った。

寿命なんてものは生き残っているからこそいえることだ。

「2㎝ズレていたら危なかったんだよ」

ボクが脳梗塞を起こしたとき、「吉川くんよぅ、そんなことぁ生き残ったからこそいえることなんや。死んでしもたら2㎝もくそもないんや」と、教えてくれた友人がいた。

そうだなと思う。寿命が長い短いなんて他人がいうことであって、生き急いだか、全うしたか、彼を知る近しい人々の記憶の中に暫らくは生き続けるが、それもほんの束の間のことであって、そう考えれば少し楽になる。散る桜残る桜も散る桜〉

南木日記「このままじゃ人間としてダメになる」二〇〇六年一一月二二日
〈欝のときに飲み始める泡盛が効いて来た。（中略）
煙草の数が増える。ゲボゲボいいながら、また吸う。ちっとも旨くないのに吸う。いま5分ぐらい咳込んでいた。……オレ確実に死ぬなァ。
昨日から今日にかけて終日原稿だったのだが…
昼間は大西ユカリの「『県警対組織暴力』をもう一度」にハマり、夜は録画していたウイリアム・ワイラーの『探偵物語』にヨメと二人で狂喜し、深夜はあたしさんチの「中川梨絵祭り」に参加して、結局原稿どころではなくなってしまった。確実に現実逃避だ。
環境保護を訴える映画を書いているのだが、環境に配慮したような映画作りにはならない。そもそも映画なんて環境破壊の最たるものだ。ああ、登場人物の台詞がうそ臭い。このままじゃライターとしてダメになる。いや、人間としてダメになる。よし、決めた。今日は寝る！明日頑張ろう！って、昨日も思わなかったか？（苦笑）えーん！　寝付けないよォ！〉

倒れるちょうど二カ月前の南木の日記。

〈監督作品第二弾のハナシがゆっくりと始動している。長編だけど超低予算のアイドル映画だ。シナリオはすでにある。このまえヒロインをやってくれるふたりの若い女優サンに会って来た。メチャクチャ可愛い。ふたりともシナリオを大変気に入ってくれてる様子。ありがたいことです。夏クランクインを目指して数百万円というバジェットはこれから集めなくてはいけない。流行りの地方発信映画のダウンサイジングケースとして自ら金集めをやってみたい。去年、自分で観たい作品は自分で作ろうと自主制作に目覚めたわけだけど、今年は自分が撮りたい映画は自分で金集めに動くということをやりたい。ノウハウさえ手に入れたら強いと思う。これからやりたい企画が山ほどあるのだ。現在『ニート・オブ・ザ・デッド』の劇場公開が決まりかけているのだが、なんとかヒットさせて実績にしたい。〉

南木顕生。私の映画に最後までラインプロデューサーで付き合ってくれた。本来は脚本家だ。脚本作品の安田美沙子主演映画が死の直前に公開され、自宅で俳優たちを集めて撮影した自ら監督脚本製作作品も完成し公開間近（死後に公開）、ほかにプロデュース作品が三作あり、さらに二作品が控えていた。講師も、倒れた一〇日後の三月二五日から始まる矢先であった。親友であり、そして「もう一人の電車男」だった。享年四九歳だった。ＳＮＳ上で踊らされ、踊り狂って死んだともいえる。死の前年のツイッターで、南木は、こう呟いている。

〈映画館ひとりぼっち、なう。〉（2013/11/19＝17:30）

今は私のほうが一人ぼっちだ。

その11

持永昌也《もちながまさや》～最後の友を待つ

持永昌也という映画評論家がいる。映画評論家は変わった奴が多く、持永も世間にあまり知られることなく逝った面白い男であった。

持病の左足蜂窩織炎が悪化して、病院で過ごす姿を入院の度にフェイスブック等にあげていたが、最後は、南木と同じく、自身で救急車を呼び入院した。

南木は解離性動脈瘤で、やはり限界値をオーバーしたのだろう。死の一年前に、目がおかしいといってMRIを取って何ともないといわれた時も、私は怪しいと思っていた。一度詰まった動脈が開いただけで、拡張剤か何かを打っておけばよかったのに、と、これは私自身が心臓の冠動脈を詰まらせたゆえの、今さらの感想である。

持永もまた、過去のアルコール摂取で慢性肝障がいから肝不全、腎不全を併発していた。周りから節制を助言され、南木の二の舞になるともいわれていた。最後は、人工透析もやりようがないほど進行していて、南木が二〇日間入院ののち亡くなったが、持永は入院五日目に亡くなったという。

フェイスブックに、変わり者の兄だったが、最後にこういったと、遺族により記されている。

〈「好き勝手に生きてきたし仕方ないね」と申しておりました。ちなみにカルテットの最終回は病院で観れたそうです。〉

持永昌也のツイッター二〇一四年一二月一四日には、こう書かれている。

〈そろそろ、映画ライターでは喰えなくなってきたし、飽きてもきたので、転職を考えている。さる映画監督から伺ったところ、公務員がなかなかいいとか。時間通りに仕事が終わるし、有休も多いという。でも、中野区の公務員の募集を見ても、まず年齢で引っかかる。中野区と練馬区では審査の基準が異なるのだろうか？　量販店の万引きGメンも面白いと聞いたが、この募集は見つからない。やってみたいけどなぁ、万引きGメン。ネットで仕事斡旋のサイトにいくつも登録したけれど、どれも条件に合わない仕事ばかり提供してくる。どうなってるんだ。まぁ、最後は自殺かなぁ。これがいちばんラクなような、キツいような、オキシジェンデストロイヤー的な最終手段ではありますが〉

それから三年後に持永は、自殺ではなかったが、急死した。

樫原辰郎〈ロクな人間ではなかったが、死んだと聞くとショックである。持永昌也、もう一度会って文句の1つもいいたかったぞ。〉

白石和彌〈持永昌也、本当に問題ばかりで、あちこちに迷惑かけて、只々寂しがり屋な人でしたが、実の兄のように無償の応援をしてくれました。〉

侘助〈またどうせ死ぬ死ぬ詐欺だろうと思ったら、どうも様子が違うらしい。面倒臭い男でしたが、逝くのはまだ早い。〉

九龍ジョー〈持永さん、とことん迂闊で、でも愛にあふれててニクめない人だった。〉

以上の言葉は、持永を表している。

以下は私の文章である。

「持永に会えよ」

うるさくいう男がいた。

「絶対に谷岡さんに〝合う〟からさ」

「だったら、余計に嫌だよ。お前がそういう奴ってロクな奴がいないじゃないか。俺と鉢合わせさせて、どうなるか楽しもうという算段だろう。見え見えだよ」

図星なのでゲラゲラ笑う。それが親友の南木だった。

南木が死んだ。その「南木顕生を偲ぶ会」に、その持永昌也がやって来た。持永もまた、南木から私について、相当にウソっぽい、誇大妄想的な話を聞かされていたのだろう。

「これが谷岡さん。驚きましたよ。常識のある人じゃないですか」

初対面からおかしな人はそうはいないはずだし、私の場合は、とくにそうであるはずだ。

ただし、初対面から、相手に対して「そんなに変な人じゃないじゃないですか」と面と向かっていう男も変な奴だなアとは思った。

私の場合、最初はとにかく静かだ。付き合いたくない人間とは絶対に付き合わないための術だ。こちらが付き合いたいと思っても、そうならない場合だってある。相手が男であろうと、女であろうと。持永昌也は、少なくとも付き合いたい男だった。

南木が死んだときの持永のツイッターだ。

〈凄い！「キネマ旬報」の「追悼 南木顕生」、見開き2ページだ！筆者は谷岡雅樹さん。名文です。誰が担当したんだろう。オレが死んでも、見開きでは追悼されないものと思われます。「訃報」（というページがある）も危ないでしょう。「映画芸術」では、編集後記で荒井晴彦編集長がつぶやいてます。〉

南木が死んだときの他の反応の一部も、書きだしてみる。

〈決して好きなヤツではなかったけれど、早すぎるよな。甲高い声でぐだぐだいっているヤツの顔が思い浮かびます。〉

〈物議をかもしたり、浅慮で下品な映評も多かったですが、（中略）彼は上品な人間がどんな姿をしているのかがわからない。その意味で文学によわかったですね。結果、映画性よりも映画が好きだという隘路に陥った。そこには生の蕩尽しかない。だけど嫌いな男ではなかった。〉

〈南木氏の悪運はフツーじゃないから一縷の蜘蛛の糸を昇ってくるかも…なんて期待が無かったかといえば嘘になるよ。でもダメだった。〉

〈ありきたりなことを云うと、本人がいちばん悔しかったに違いありませんが、早死にするような生き方だったとも思います。哀しいというより、腹立たしい。腹立たしいです。〉

〈あいつは、よく暴言を吐いて人から殴られていましたけど、殴り返せない自分を、非暴力を訴える

ガンジーと一緒だと、また馬鹿なことをいってましたっけ…^_^〉

〈なんきんさんからは優しくされた憶えはあまりないのですが、＊＊＊で初めて会った時に、少し数人で歩く機会があって、その時に初対面なのにも関わらずなんきんさんに「３００円出して」っていきなりいわれて、あまりの意外さに驚いてつい、３００円払っていたことがあって、なんだかそのいい方が嫌味じゃなく妙にかわいかったんで、なんきんさんのことを考えるとそのことを思い出すんですよね。〉

　この手の話には枚挙に暇がないけれど、死んで何かを残したことは確かで、その一つは悲しみ交じりのジョークだ。

〈稀代の犯罪者でもないのに、生前これほど嫌われていた人間を、私自身見たことがありません。〉

　持永昌也の死に際しても、再びツイートから拾う。

〈知り合いといえば知り合いだったがいきなりマイミク切られたり、直後に五反田でばったり会ったりして気まずかったり、理解はできんがなんか寂しそうな表情が印象的な人だった。〉

〈持永さんや南木さんとmixiでコメントのやり取りしていた頃が懐かしい。御二方ともお若いのに故人というのが信じられない。御二方とも破滅型だったし、破滅型の御二方に揃って、私は「不思議」扱いされていたが私にしてみれば御二方こそ不思議だった。〉

〈またメんどくさいことといってにやにや笑ってくれるんじゃないの?まったく信じられないよ…持永さん、うそだよね?〉

〈持永昌也さん。めんどうな人だし、酔っぱらうとさらにめんどうになってとんちんかんなことばかりいい出しで、女子にちょっかいを出しまくっていたけれど、若い人への愛情と映画愛にあふれた人でした。〉

〈愛されることは少なかったとしても愛することに於いては人後に落ちない人だった。持永さん…、南木さんによろしく。〉

〈大人なのに子どもみたいでめんどくさいライターの持永昌也さんが亡くなったってホントに？過激な言葉の裏に人間愛と映画愛が詰まってて、色んな若手監督を紹介してくれた持永さん。〉

〈なんでか妙に強気になって余計な事いったり、死ぬ死ぬ詐欺っていわれながら「ヒヒヒ」って笑ってるのが持永さんであってさ本当に死んでどうすんだよ〉

〈話が長くて人との距離感も違う。会うと皮肉っぽいいじりばかりいってくる。ＳＮＳでも僕のことを書いていじってた。〉

〈露悪的に振る舞うこともある人だったがそれも繊細さ優しさの証左だった。〉


以上の一つ一つに、キーボードを叩き、電子画面に文字を打つ人たちの姿が浮かぶ。死んだ南木への、持永への想いを、私とは別の切り取り方で、感じ方で、書き連ねた跡だ。私の知らない人間の書く、私の知らない南木の、持永の姿もある。生きている実態を紡ぐすべての人に、愛などという言葉を超えた想いを感じる。死んだ男の残したものは……。

親友とは帰って来る場所である。親友とは基準を確かめ合う場所である。親友とは一時避難する場所である。そして親友とは生きている限り永遠の虚構である。

死んで初めてその実態が顕わになる。単に望んでいた理想形の自分であり、または醜い自分である。それで充分だ。

その都度、その都度、人と出会うたび、濃密に付き合ってきた。そのまま雪崩れ込んで、一週間ぐらい泊まる。そんな付き合いばかりだった。

持永には出会えなかった。なのに、不在感があるのはなぜだろう。

友を待つ。あるいは友が待つ。

それはスクリーンの向こうなのか。

銀の幕が燃える。燃える。

その12

Vシネマの青春～無頼人別帖

南木顕生が、生前喧嘩した相手は数知れないが、その中でも、自分よりも格上の者に食ってかかる態度とは別に、同類相憐れむ的な、同じ業種の、同じ境遇の、同じ苦しさを味わう、同じ病に襲われる、同じ世代の者たちへの執拗な戦いは、私もまた同じ環境と、同じ情けなさの中で、身につまされるものがあった。

実際、谷岡は、南木の援護射撃をしていたじゃないか、といわれるかもしれない。確かにその通りだが、援護したわけではなく、私の主張を貫いていただけだ。

南木は自分を確かめたがっていただけだ。もし相手が自分を本気で屈服させてくれるなら、そうしてくれと戦いを挑んだだけだ。単にやり込めたいとか、バカにしたいとか、ディベートで勝利したいとか、そういった類の喧嘩ではない。

あいつは、相手に対する愚痴を、私に向かってこれほどまでに口汚い罵り方はあるかというほどに、泣き叫んで、訴えてきた。

「あれほど教養の無い人間が、まともな会話自体をできる能力がない」

「自分だけでたくさんだから、谷岡さんは見ていてくれればいい」

南木には理想像があった。自分と比べて、相手を馬鹿だ、程度が低いといっているわけではない。その理想像に向かって敬意を表し、かつそれに近づきたいと思っている自分よりも、相手がその努力を怠り、またその敬意の対象の凄さそのものに気づかない点でバカだ、阿呆だといっている。

南木を嫌いだという人をたくさん知っている。今もまた、相も変わらず南木のような人間と付き合っている。その人間は当然、周囲の人間から不思議に思われ、また疎ましがられもし、かつ嫌いだともいわれている。その良さについても、私はあえて説明や解説をしない。

なぜなら、そういって嫌っている人間そのものの中に、既に答えがあるからで、その絡まった糸を解くことなど誰にもできないからだ。ただ、実は、南木と喧嘩した相手が、皆同様に、南木の死後に死んでいったという事実はある。そのことは、南木の問題ではなく、このVシネマという状況の問題だと考える。映画界の問題といってもいい。

南木も私も含めた、私たちは、お互いが喧嘩をしあっているが、皆、もっと大きなものから排除され、抹殺されかけていることに、早く気づくべきであったのだ。

Vシネマの誕生とそれに賭けた青春群像

そもそもVシネマとは、当時、いわゆるオリジナルビデオ映画（OV）と呼んだ、その総称をさすものだ。最初のそれは何かと問われると、一九八五年六月一日に東芝映像ソフトから発売の、『若者気分の基礎知識』（監督・山岸弘人、主演・三上博史、高樹沙耶）ということになる（ただ既に、アダルトビデオは一九八一年五月に「日本ビデオ映像」から『ビニ本の女〜秘奥覗き』と『ＯＬワレメ白書〜熟した秘園』が発売されている）。

バンダイが、いち早く「シームーンビデオ」と銘打って、この路線の「ビデオ映画」を作り始める。一九八九年七月二三日に、連続幼女殺害事件の容疑者として宮崎勤が逮捕される。この時に話題となったビデオ、ジャパン・ホーム・ビデオ『ギニーピッグ』シリーズもまたオリジナルビデオのドラマ映画であり、東映以前の八八年から発売されている。

これらの動きに目を付けた、やくざ映画、アクション映画でお馴染みの大手映画会社「東映」のビデオ部門である東映ビデオ株式会社が、「Ｖシネマ」と銘打って、リリースを始めたのが一九八九年三月一〇日発売の『クライムハンター怒りの銃弾』（監督・大川俊道、製作・吉田達）からである。この作品はビデオレンタル店で大人気になり高回転したうえに、テレビ放映されると、一五・七パーセントという予想外の視聴率を稼ぎ出す。この大ヒットが、各社を刺激し、翌一九九〇年から大量参入させる。

東映のライバルにっかつはいち早く「Ｖフィーチャー」とラインナップを発表。最初期に東映を完全にノックアウトした日本ソフトシステムは「Ｖシアター」、アダルトビデオからの参入で勢いのあったジャパン・ホーム・ビデオは「Ｖムーヴィ」、同じくアダルトからのＶＩＰは「Ｖピクチャー」、東映、にっかつと同じ邦画大手の東宝、松竹、大映は、それぞれ「シネパック」「スーパー・ホーム・

スクリーン」「新映画天国」と題し、いずれも新進気鋭の女優、洞口依子、中嶋朋子、渡辺典子の三人を使って、「男の東映」に対抗した。パックインは「ロックンシネマ」、クラリオンが「シネビジョン」、VAPは「ザ・ビデオオリジナル」、イメージファクトリー・アイエムが「ホルンビデオ」、マクザムの「セクシャルVシネマ」など、一九九〇年と一九九一年の二年だけで、東映に続けとばかり一九社が入り込んできて、それらを「Vシネマ」と呼んだ。

雑誌『日経エンタテインメント』の一九九〇年度の文科系学生の就職希望ランキングでは、一位「電通」、二位「CBSソニー」、三位「フジテレビ」ときて、映画会社系列では、あの大「東宝」や、もちろん本社の「東映」を抑えて、「東映ビデオ」が、七位にランクインするという異常事態を招いた。

始めは「我が社の登録商標だから、他社作品について「Vシネマ」という呼び方をさせない」と東映はいっていて、現場では皆「Vシネマ」と呼んでいるのに、紙媒体上でのライター諸氏は、Vシネマとは書かなかった。私以外の皆が、東映に気を使って、「ビデオオリジナル」だの「ビデオシネマ」、「ビデオドラマ」、「ビデオ映画」、「OV」などさまざまに呼んでいた。未だそう書く者も多い。

私が一九九九年に『Vシネマ魂』(四谷ラウンド)を出版する段になって、東映ビデオ、および東映本社、さらには関東東映ビデオまでもが文句をつけて来る。

この時に、わが師でもある元東映の脚本家、神波史男に泣きついた。すぐに、盟友のプロデューサー福湯通夫、および「東映」前社長の岡田茂両氏に速達で直訴してくれた。OKをもらい、上意下達の東映および東映ビデオ、関東東映ビデオ販売。その後は、私以外の人間もまた、当たり前にVシネマと口にでき、かつ記せるようになった。

南木の死んだ二〇一四年に、東映は「東映Vシネマ」二五周年記念作品を公開した。このとき、東映は、東映のホームページで、「Vシネマ」を頑として使ってきた私に原稿依頼をしてくる。「Vシネマの定義を書いてくれ」と。東映以外もまたVシネマだ、といい続け、書き続けてきた私に対して、だ。そこに私は記した。「いわゆるビデオ用映画のことで、東映のレーベル名ではあるが、東映以外のものも含む」と。どうだ、参ったか。倍返しだ。

死んだ南木顕生に、神波史男に、小さくガッツポーズした。

Vシネマとは、つまりは今皆が知る「Vシネマ」のことである。レンタルビデオの「泣き笑い」の歴史とそっくりそのまま一致している。そこには、作り手たちの悲喜こもごもがあり、南木も含め、多数がこの世を去ったのである。

Vシネマが誕生した一九八五年頃、それまで一泊二日二〇〇〇円のレンタル料金が、一部レンタル店で五〇〇円に一気に突入した時代だ。国際映像ソフトウェア推進協議会（AVA）の「ビデオレンタル店調査」では、一九八六年の平均レンタル料金で八九〇円だ。Vシネマ元年の一九八九年には、一〇〇円レンタル戦争が勃発している。

Vシネマは、はじめからその下り坂に向けて作られたジャンルであり、「ヤクザなファン層」たちへの生き残りを確保した場所でもある。当然の如く、携わるスタッフや俳優そのものが、職場としての生き残りを賭けた「ヤクザな連中」の吹き溜まりを呈していた。批評家もまた、映画の本流から外れ、外された人たちだった。そこに南木もいた。私もいた。

一九九〇年代のVシネマバブルが終わると、一気に皆がしぼんでいく。俳優では、清水宏次朗が詐欺疑惑で、渡辺裕之はお金を騙し取られて、それぞれワイドショーを騒がせる。東映Vシネマ第一作で火炎放射器をぶっ放した又野誠治は自殺してしまう。古尾谷雅人や、可愛かずみなどVシネマに活路を求めたはずの俳優も自殺していく。

脚本家では、人気シリーズ『ミナミの帝王』を立ち上げた永沢慶樹が自殺し、やくざVシネマを最も精力的に書いていた橋場千晶は、壮絶な過労死のごとき死に方をしていった。そして南木、さらに多くの人間が続いて亡くなっていった。

二〇〇〇年九月二九日に入水自殺した永沢は三四歳であった。二〇〇八年二月二八日、Vシネマに一つの活路を見出した映画監督・原田昌樹が、五二歳でなくなる。二〇一四年、南木四九歳。二〇一六年九月二五日には、『ミナミの帝王』の脚本で永沢の後を継いだ石川雅也が亡くなる。五四歳だった。実は石川とは、南木と、私をも巻き込んで大喧嘩をした仲だった。

二〇一八年五月三一日に、南木とよく似た〝絡みティ・ジェーン〟として、大御所桂千穂などは、「南木と見分けがつかない」といっていた、その「もうひとりの南木」葉山陽一郎という脚本家が亡くなる、五二歳。

葉山はシナリオ作家協会のリレー日記に参加している。

〈ブログではすでに明らかしていることなんですが、実は僕は極度の不眠症で、クスリ無しには眠れないのです。またそのためか精神状態にムラがあって、精神安定剤も服用しています。（中略）一〇年も飲み続けた結果、安定剤を抜くと禁断症状に襲われるようになりました。〉

ある時は大量に安定剤を摂取し、コンビニの店内で、血だらけの手足で寝間着姿のまま元妻に引き取られた、とある。

二〇一九年一一月一日には、Vシネマで大活躍していた、俳優の鴈龍太郎が五五歳で急死する。その死に際して、勝新太郎の息子、あるいは中村玉緒の息子という報道だけで、Vシネマでの活躍は一切触れられることはなかった。また、スーパー助監督、あるいはチーフの帝王というべき天才が埋もれていたのもこの時代である。

二〇〇八年二月に五二歳で亡くなった原田昌樹と二〇〇六年一〇月に五九歳で亡くなった森安建雄は、そんなホンペンでの活躍を目指して、この「Vシネマの時代」に、Vシネマの監督として登場し、去っていった。

我妻正義という脚本家がいる。鴈龍太郎の傑作かつ代表作であるシリーズ『殺しの軍団』の脚本を書いた男だ。「鴈龍」の死後に酒を呑んだ。

「なんで、あんな報道の仕方しかされないんだよ。鴈龍はVシネマの役者だよ。あいつが一番勢いに乗って、活躍した時代は、Vシネマだよ。あの軌跡がゼロだよ。ただただ、勝新太郎の息子で、晩年は不遇だったとしか書かれていない。そして中村玉緒の談話。Vシネマはどこに行ったんだよ」

私は毒づいた。

どの報道を見ても、Vシネマについては触れられず、映画『座頭市』（一九八九年）撮影中の事故で人を斬り殺し、コカイン所持で逮捕された父の勝新太郎同様、自らも薬物で捕まった。不遇の中、母の中村玉緒は勝新太郎の死後も莫大な借金を返し続け、活躍することもなかった鴈龍太郎は、アパートで孤独死したことになっている。

「それは俺だって無念だよ。分かり切っているさ。だけど、お前が書かないで、誰が書くんだよ。誰も書けないだろうよ。さっさとやれよ」

ふっと我に返った。


Vシネマには、「実録」というジャンルがある。フィクションとノンフィクションの境界線は引きにくい。現実に実在の人物がいて、あるいは故人でも遺族がいて、関係者がいて、その目にさらされながら書くノンフィクションがごときフィクション。それにはもちろんモデルがいる。やくざ映画の実録物はその極点に位置し、モデルや遺族の視線に負けてしまって、やくざの口出しする自画自賛映画も存在する。そこでどう負けずに戦うか。これこそが鴈龍太郎の嵌まり役であった。

やくざヒーローは、二度目のアウトローである。先生でも弁護士でも、体制側のヒーローは、その体制の中では反逆者であっても、結局は守られている。やくざに比べてはるかに率と見栄えのいい給料があり、そのしのぎは保障されている。やくざヒーローの場合は、最初に体制から弾き飛ばされた者同士が社会を作ってしまうところから、やくざ社会自体がいびつな別の似たようなシステムとなり、そこからもまた飛び出てしまう異端児であるから、結局は、二度アウトローとなる。

実録やくざVシネマは、本流のやくざ映画から追い出されるように発展してきたジャンルである。そこで縦横無尽に演じられるのは、既に最初に「芸能の民」であった勝新太郎の息子であるという「お墨付き」であり、その遺伝子であり、そこからさえも漏れたという履歴の鴈龍太郎にぴったりの役であった。鴈龍が、山口組入りする大阪・西成の在日組織、殺しの軍団といわれた柳川次郎を演じるのは、必然でもあった。それこそ水を得た魚の如く鴈龍が暴れまくっていた。『殺しの軍団』。鴈龍この時、三七歳。Vシネファンにとっても青春だった。

我妻正義は、月刊『シナリオ』二〇一五年二月号に、永沢と「著作権問題」で共に戦った佐伯俊道と二人だけVシネマの功罪の「罪」の方を、「永沢の時代」と題して書いた。そして、それはただ一人現在の自分とを対峙させながらのものだった。

〈二〇〇〇年九月二九日、茅ケ崎の海に入って自死した。三四歳だった。この間、七年に渡り永沢と俺は脚本家の権利を求めて闘った。作協（注：シナリオ作家協会）のなかにいながら、ほんの数人以外、孤立無援、誰も助けちゃくれなかった。眠れない深夜などに酔いツブれた闇の中で永沢の顔が浮かび、ふと語りかけたりする。永沢、お前よかったぜ、その後の世界を見ずにすんで…と。〉

その後に、我妻正義は、脚本家の傍ら、肉体労働に手を染める。身内にも自死される。もともと父に蒸発され、親戚をたらいまわしにされた末、新小岩で母と二人三畳一間で暮らし始めたのが五歳の頃だ。同じアパートに住む「訳アリの」女たちに連れられて観まくったのが、映画だった。その後にシナリオライターにたどり着き、劇場映画でデビューするも、Vシネマへと雪崩れ込んだ我妻。

〈かつてはいた中間層はいなくなり、再び一握りの金持ちとたくさんの貧乏人という世界に戻った訳だ。それは脚本をふくめた映画屋の世界も全く一緒で、配給会社とテレビ局に気に入られてエンターティメントを作る人と、かつて中間層に属した映画を職業とする〝いらなくなった人々〟、そしてハナから映画を生活のカテなんて考えていない低予算の〝アート系〟とひとくくりにされる世界。あの頃、何ゆえ権利を求めて闘っていたのかというと、永沢も俺も、仕事として、それで飯を食っていく生活者として、映画をやって行くんだと思っていたからだ。〉

先日、タクシー会社で事務をしている知り合いが、面接をしたら、見覚えのある履歴書に遭遇する。映画に詳しくない知り合いは、もちろん顔なんて知らない。宮沢りえの映画を監督したこともある男だ。「ああ」。名前を聞いて私はすぐに分かった。

脚本家の桃井章と、『映画芸術』の忘年会で同席したことがある。一九九四年だ。桃井の代表作は、『赤ちょうちん』『釣りバカ日誌』などで、桃井かおりの実兄でもある。『赤ちょうちん』で日活の名匠藤田敏八の脚本を既に書いていた桃井に対し、ピンク映画で苦労してきた『映画芸術』編集長でもある荒井晴彦には、嫉妬されていたという。

桃井章は実はかつて、借金六〇〇〇万まで膨れ上がり、一九八一年には、新宿のパブスナックで小遣い稼ぎをしていた。オバサン連中を「はとバス」の客のごとく店に連れて行き、そこで歌を歌うなど接待して、一万円をもらうという情けない役どころだ。その一九八一年の末である。いつものように、近藤真彦の当時大ヒット中の『ギンギラギンにさりげなく』を振り付きで歌い、踊り狂っていた。そこに映画『遠雷』が山路ふみ子映画賞を受賞したお祝いで、ある映画人が訪れる。あの「嫉妬していた」脚本の荒井晴彦であった。

私も、名ばかりの作家で、たこ焼き屋でアルバイトをしていた。その時、二〇年近く見ていなかった男が、当時は独身だったのに、男の子を二人連れてやってくる。私は思わず隠れた。店長に「谷岡さん、どうしたんですか」といわれ仕方なく店頭に出てきた私。

「谷岡さんじゃあないですか」

こんなところにいたんですか、誰にもいいませんから、みたいな曇った表情をしていた。その後の私はビクビクしながら店頭に立ち、ほどなく辞めた。

『映画芸術』永沢慶樹の追悼号で桃井は、こう書いている。

〈昔、俺と永沢は脚本家だった。そして今、俺は飲み屋の親父で、永沢は死人。（中略）二人の廃業理由は幾つかダブっている筈だ。でも、永沢に確かめることが出来ないから憶測で書く訳にはいかない。でも、仮に永沢が仕事上で追い詰められていたら、その責任の一端は俺にあるような気がしている。〉

映画を辞めて、警備員、清掃員、介護職、今の私のように建築物管理、田舎で家業を継ぐ者、バーを開く者。私が知っている限りでもかなりいる。生活保護を受けている監督、スタッフ。借金地獄の監督、俳優、評論家も知っている。

漫才師のマシンガンズ滝沢秀一は、本業で食えずに、四二歳からゴミ清掃員を始め、その日常を描いた本が今売れている。生来に近い荒くれ仕事に手を染める我妻は、最後にこう締めている。

〈今やOVが生んだものは三池崇史一人といわれている。今も作り続ける辻（注：辻裕之）や死んだ橋場、俺が三池と同じに力があると思っていた神野太、渡辺武、横井健司、宮坂武、井出良英なんて人たちの名は、世間は誰も知らない。制服着て肉体労働している日々の中で、ふっと一人笑ってしまうことがある。（中略）映画に別れを告げた永沢のベストセラーになった小説を買い求める女達で溢れ返っている。永沢。そんな白昼夢の俺は一人、ホウキなんぞを手に、いつまでも笑い続けてしまうんだよ。〉（注・文中の渡辺武は、本記の四年後五三歳で急死する）

永沢慶樹への追悼文は、『映画芸術』二〇〇一年春号に、発行人の荒井晴彦はもちろん、前述の桃井章ほか、我妻正義、私、原田聡明も書いた。そして神波史男が締めた。

二〇二〇年八月一三日に九〇歳で亡くなった脚本家の大御所桂千穂は、月刊『シナリオ』一九九〇年一〇月号で、こう書いている。この時、既に日活ロマンポルノ最多執筆脚本家であり、還暦を超えて、後輩たちに向けて、貫禄の「Vシネマ」講義をしている。

〈昨一九八九年、ちょうど今頃発行された『キネマ旬報』アンケートに、こう答えた。〈スクリーンに映るドラマを映画館で鑑賞する時代では、もはや、なくなりました。TVドラマもそろそろオシマイでしょう。代わって登場したのが第三の映像ドラマ、それがヴィデオです。(中略)嘗て日本人はみんな銭湯へ行った。現在は小さなアパートさえバス附きです。これからの映像は家庭で見るヴィデオかLD。これは歴史的必然です。ヴィデオは決して一過性のブーム現象ではありません。ヴィデオ・ドラマは華やかだった映画のように量産されるでしょう。〉そして、ビデオレンタルを主目的とするヴィデオ・ドラマの量産がはじまった。〉

桂の檄文は、そもそもが、「若者よ、Vドラマを目指せ」というタイトルなのだ。最も強烈な一文が、最後のこれだった。

〈ことに、若い映像ドラマティストの卵たちは、千載一遇のチャンスに巡り合ったことを自覚してベストを尽くすべきだ。キミの行く手には、開拓時代のアメリカ西部の荒野にも似た、栄光と黄金の土地が待っているかもしれないのだ。〉

この時、永沢慶樹二四歳、同じく葉山陽一郎二四歳、Vシネマで最も力のある監督といわれた渡辺武も二四歳、南木顕生二五歳、鴈龍太郎二六歳、私が二七歳、持永昌也二八歳、石川雅也二八歳。監督となる前の原田昌樹は三五歳、森安建雄に至っては四三歳で、彼はこの年に監督となっていた。

私だけでなく、他の脚本家、監督たちも、胸をときめかせて、むしゃぶりつくように、この月刊『シナリオ』の記事を読んだという話を、後に多くの者から聞いた。

騙されたわけじゃないが、憧れ、入り込み、活躍し、弾き出され、また埋没し、そしてベストを尽くして、時が流れた。皆、若くて、若くて、若かった。

今はもう、私以外の皆、いない。書いた桂もまた、いない。

あの世に溢れるVシネマ天国。


一九九〇年の『キネマ旬報』映画界一〇大ニュースでは、一位の〈ソニーのコロンビア買収に続き、松下電器産業がユニヴァーサル映画を傘下に持つ米娯楽企業MCAを買収し、社会的な話題となる。〉に続いて、第二位に、次のニュースが選ばれた。

〈〝東映Vシネマ〟に続き、松竹、にっかつ、東芝、TBS、その他プロダクションも一斉に、オリジナルビデオ映画路線に参入。〉

一九位には、〈各地で名画座の閉館が相次ぐ。全国映画館もさらに七〇館余りが減少。〉とあり、レンタルビデオの時代到来を告げている。

とはいえ、Vシネマへの風当たりは強かった。本書の「その5」で書いた小池要之助は、Vシネマを監督していても、「監督になれなかった男」としてテレビのドキュメント番組で取り上げられた。

権威雑誌『キネマ旬報』毎年の総決算号「封切映画一覧表」に、作品が載らなければ、それは映画ではないということになる。Vシネマは、そこまで蔑まれ、バカにされるべきものなのか。切通理作は、『少年宇宙人～平成ウルトラマン監督・原田昌樹と映像の職人たち』（切通理作・原田昌樹／二見書房　二〇一五年）という八〇〇ページの大著をものしている。表紙にはウルトラマンダイナと思われる顔があり、Vシネマの扱いは、その一部ということになっているが、これが出ただけでも大したものだ。

特撮物に疎《うと》い私の印象では、原田昌樹はVシネマの監督であった。私の書き方でいうと、原田は、テレビドラマ二本の演出ののちに、Vシネマで監督デビューしている、となる。いわゆる男の世界のVシネマを八本撮って、そのいずれもが傑作、快作の部類であり、これだけ平均点の高い監督というのも珍しかった。結局原田は、一九九四年から二〇〇一年まで、ウルトラマン物一本を含む九本のVシネマを撮り、二〇〇六年に『旅の贈りもの０：００発』という劇場公開映画を初めて撮る。新聞の連載記事で私は激賞した。映画の広報より、チラシの推薦文として、この記事の一部を使いたいという。もちろんＯＫする。

〈この映画は、地方にはまだわずか残っている人情やお節介を見せてはいる。しかし、それを押し付けるいやらしさが無い。それは、実はそんなものがまだあるとは信じていないからだ。信じていないけれども、理想は理想としてなければならないという強い確信がある。（中略）排他的で、殺伐とした都市のわがままな人間を作ったのは、実は都市に押し寄せた田舎者であり、米軍基地を追い出せば済むという話ではない。アメリカを作ったのは地球人で、荒れる子どもたちを作ったのも、大人たちだ。自身を聖域において、言葉でやり込めようとする手助けをするのが映画ではない。〉

この記事を原田監督が読んだかどうかは、知らない。その後、裁判員制度の広報映画『審理』を撮って、これが遺作となる。

月刊『シナリオ』一九九〇年一〇月号の桂千穂の記事が出たころ、原田昌樹は、東映のホンペン『さらば愛しのやくざ』や『ゴールドラッシュ』、そしてテレビドラマのチーフ助監督をやっていた。この先、どこにどう進もうか、必死の時代だった。

原田と切通共著の同書では、二〇二〇年コロナ禍のさなか、不慮の死を遂げた監督の佐々部清が、切通理作のインタビューに答えている。

〈僕、スタートがすごく大事だと思ったんです。だから、Vシネマやテレビの仕事が来ても断っていたんです。どうしても劇場用映画の監督になりたかったので、四四歳でデビューするまで時間がかかった。（中略）とにかく商業映画にこだわっていました。六〇歳がデビューでもいいと思ってました。Vシネマで劇場用映画を撮っている人は、三池崇史さんや望月六郎さんぐらいです。あれだけVシネマが世の中に出ていた頃があったのに。原田さんも『旅の贈りもの０：００発』まで一〇年以上かかりました。〉

インタビューは二〇〇八年の原田の死後であり、この二〇〇八年の後には、ここで紹介されている望月六郎も、二〇二〇年まで一本も撮っていない状態である。だが、原田昌樹自身は、Vシネマに負い目を感じていたのであろうか。切通理作「あとがき」の直前の最終ページは、原田昌樹への一九九七年五月五日のインタビューである。その中で、切通の意向も感じたのかもしれないが、こう答えている。

〈――ヤクザ物をやっていた反動もあるんですか？
原田　それははっきりあります。毎日人殺しの話をやっていると、人を殺さないロマンチックな話をやりたくなるから（笑）。〉

ところで、切通理作は、南木の死後に、こんな日記を書いている。

〈「なんきん」さんこと南木顕生さんは、不思議なひとだった。

脚本家という肩書きなのに、ほとんど作品を発表しない。書いても流れるのは脚本家の常とはいえ、あまりにも仕事が世に出ていない。

脚本だけでなく、演出にも強い興味を抱いていたようで、自主制作のドキュメンタリー、さる映画のメイキングなどにも手を出していたが（その撮影の模様は克明に日記にアップされる）、どちらも完成には至らなかったようだ。いや、メイキングは完成して納品されたのかもしれない。しかし、その映画のソフトには収録されていなかった。メイキングがボツになるって、ありうるケースなのだろうか。

それでも、わたしは彼の冴えに冴えた映画評さえ読めれば満足だった。感情に流されず、理論的なレビューの数々は、もちろんわたしなんぞの文章は及びもつかないし、大げさにいえば日本でも最高水準だったと思う。たまに逢って飲めば、語っても語っても語り尽きることはない超オモシロおじさんだった。〉

森安建雄監督の場合はどうであろうか。森安よりも五歳若い映画監督・細野辰興は、巨匠・今村昌平監督の兄弟子、弟弟子の関係となり、森安の導きで、相米慎二の下に就くことになる。

一九九〇年、二人の道は分かれたといって良い。劇場公開とはいうが、完全にVシネマである、『ポップコーンLOVE』でデビューするのが森安で、細野の方はというと、自身の出身である今村昌平の学校、日本映画学校の講師となり、今村の下で頭角を現し、森安に導かれた相米慎二の『東京上空いらっしゃいませ』でチーフ助監督となっていた。そして今村昌平のお膝元松竹から翌一九九一年六月公開の〝劇場公開映画〟『激走トラッカー伝説』で監督デビューする。佐々部清のいうとおり、「スタート」が大事なのかもしれない。細野は現在、日本映画大学教授である。

森安のデビューは、映画の松竹ではなく、映画およびビデオに参入してきた「おもちゃの」バンダイだった。バンダイは、Vシネマ元年といわれる「東映Vシネマ」登場の一九八九年よりも四年も早い一九八五年から、最古参の東芝映像ソフトに続きVシネマの製作を始め、本格リリースは、東映と同じく一九八九年『ストロベリータイムス』からである。

森安の初監督作品『ポップコーンLＯVE』（バンダイ）は、七月二一日に劇場公開され、ビデオ発売は九月である。

名匠・富岡忠文もまた、劇場公開は三月一〇日だがあくまで四月二五日発売がメインのVシネマ、バンダイ・シームーンビデオ『新・童貞物語　ホンコンバージンボーイ』でデビューしている。これらは、まぎれもなくVシネマであり、アリバイ作りの劇場公開作といわれ、ビデオパッケージ（ジャケット）に「劇場公開作」という文字を入れ込むことで、箔をつけるためであった。実際は、その後、劇場公開作自体が、自主制作映画を含む玉石混交となってブランド力を失うのだが、この時は未だ、ビデオ屋を徘徊する客の目を眩ますには「有効」な文句であった。いわゆるホンペンならば、公開されてから、少なくとも当時は半年寝かせるというのが不文律であった。二カ月後に発売の『ポップコーンLＯVE』は、ホンペンではない。

『ポップコーンLＯVE』と同じ一九九〇年に公開された映画でいうと、松竹『3-4×10月』、東宝『稲村ジェーン』『少年時代』『タスマニア物語』、東映『極道の妻たち最後の戦い』『遺産相続』などは不文律の六カ月後、東映『激動の1750日』『さらば愛しのやくざ』『BEST GUY』、松竹『東京上空いらっしゃいませ』、東宝『ジパング』『遥かなる甲子園』、ヘラルド『チャイナシャドー』が七カ月後、東映クラシック『斬殺せよ』、マルパソ『島国根性』が八カ月後、東映『きんぴら』『ゴールドラッシュ』が九カ月後、東宝『香港パラダイス』は一年一カ月後、にっかつの『夏のページ』は一年四カ月後の発売である。

発売を伸ばすことで、劇場公開側の「すぐに観られる」新作の有難み、お宝感を出していた。逆にさっさとビデオで見せる「映画」は、すなわちVシネマであった。それだけ「映画」の格が上ということでもあった。

『映画芸術』一九九一年冬号で、「Vシネマは日本映画を変えるか」という特集が組まれている。そこでの座談会「ビデオ専用映画を製作してみて」で、脚本家佐伯俊道は、著作権問題について提言している。

〈一次使用、二次使用の話に移るけど、企業のいい分としては、ビデオのセルとレンタルが一次使用だから、著作権としての印税は払わないというのが、基本的な方針ですよね。バンダイみたいな、劇場で一週間やったというのはビデオは二次使用になるの？〉

これに対して監督の中原俊は、こう答えている。

〈あれは、ビデオが一次使用で映画が二次使用になっているんでしょ。確か、バンダイはそういう契約になっている。〉

森安建雄は、バンダイの『ポップコーンLOVE』のあと、翌一九九一年に東芝映像のやはりVシネマ『ザ・採用マン』の二本のみで亡くなった。のち、森安の弟弟子細野辰興もまた、Vシネマに参戦してくる。

『映画芸術』二〇一六年秋号には、細野辰興が、「今村昌平・森安建雄　二人の恩師との永訣」と題し、追悼文を寄せている。

〈大学を卒業して今村プロに入ったものの、数年間はドラマ制作には携われなかった森安さんも、「飢餓海峡」の浦山桐郎組、「復讐するは我にあり」「ええじゃないか」の今村昌平組、「太陽を盗んだ男」の長谷川和彦組を体験し、助監督として自信がつき始めた時期だったはずだ。そして、念願の、初めてのチーフ助監督が同い歳の相米さんの「セーラー服と機関銃」だったのだ。

今村組、相米組、両方での森安さんを知っている私が、失踪の理由について私なりの推論を出すことはあまり難しいことではなかった。しかし、所詮、推論は推論だ。云えることは、森安さんにとって後にも先にも、間違いなく人生最大の決断だったに違いないと云うことだ。結局、森安さんは今村プロに戻らなかった。

(中略)四ヵ月後の十月一日、森安さんは、今村監督の後を追うように静かに息を引き取った。腹水の原因は、結核と大腸癌だったとのことだった。

(中略)御二人は、私にとって紛れもなく恩師だ。今村監督にはドラマの本質を教えて頂き、(中略)森安さんには、私心を捨てて監督と作品に貢献する助監督としての姿勢を叩き込まれた。〉

その後はしかし、この号が出たあと一五年間で細野は、ホンペンといえる映画作品を一本のみしか撮っていない。

森安建雄と〈大学時代に一緒にバンドをやり、吉祥寺を根城に遊んだ友人〉だったと記す作家の田下啓子は、「遺言」というブログで、こう書いている。

〈世の中にこんなフウに、世間様から外れて生きている人間がいて、通俗の真っ只中を生きているはずの君が、じつは、そこからはるかに俗を超越した、孤高の人生を歩いていたことに、私は敬意を表します。私の人生の青春の日に、君に出会えた事を、心からから感謝して、ご冥福を祈ります。〉

そしてその二日後の日記には、さらに、今日は毒を吐くぞー!の言葉とともに、「現実の実相!」という題で書かれている。これが身に沁みる。

〈今日は森安君のお葬式に行ってきました。最後の出棺のとき、ふと頭に浮かんだことを書きます。森安君が某巨匠のプロダクションで働いていたことは前に書きました。そのプロダクションは、たくさん負債をしょっていて、常にドン貧状態で、特に監督以下物凄くドン貧のとき、彼が一生懸命オアシを都合していたと聞きました。

その森安君がドン貧のとき、彼を支えたのがY君です。彼は森安君がピンチのときに何時も狩り出され、無償でかれに色々用立てたようです。たぶん、半端なものじゃあー・・・?でもそのことを彼はおくびにも出しません。私がそれについていうと、いいよ、いいよ、あの世で返してもらうから……。

私思うんです。あの巨匠は森安君に甘え、森安君はY君に甘え、あの巨匠はY君の存在すら知らなかったかもしれない。もしかしたら、カンヌ映画祭のあの賞の栄光のいくばくかは、Y君の供出の上に成り立っていると……。間接的に……。

面白いですね世の中は。

お葬式の最後、お兄さんが挨拶をされた中で、森安君の大きな特徴として、自分を犠牲にすることが多々あったことをいわれました。彼はそれを一切いわず、あの世にもって行きました。またY君もその夫人もそれに対して飄々として語らず。

ステキだね。

世の中の表面を切って、さまざまに賞賛を受ける人間の裏にある、現実の実相・・・・。本当にステキなのは、森安くんとY君とその夫人。（中略）

少なくとも、私は、この場をお借りして、「某巨匠よー、なめんじゃねえー」と、タンカを切らせてもらいました。・・・・！こういう私も、まだまだ若輩者です。〉

胸がスッとした。人生は、そう簡単にはいかないから、人は疲弊し、また裏切られ、錯覚し、エネルギーを使いすぎた人は早く死に、精神的にも体力的にも、寿命分ぐらいの飽和量を使いきっている。でも毒を吐く。

森安建雄が監督としてVシネマの戦場に名乗りを上げた一九九〇年は、未だ何物でもなかった南木も、森安の死の二〇〇六年には、いっぱしのVシネマライターであった。私もまた、いっぱしのVシネマの評論家であった。

この時、二〇〇六年、映画屋のもう一つの戦場はミクシーへと移っていた。

南木のミクシーは、プロアマ問わず、映画関係者のある種の坩堝であった。

そこには南木の決意表明があり、また南木の、ある意味で生きるよすがも存在していた。

南木は、二〇〇六年一二月五日のミクシーで「僕妹」という映画日記を書く。

〈ヨメの風邪が伝染ってしまい朝から散々だったが、なんとか快復しだしたところで、マイミクの谷岡さんから電話があり試写会に誘われる。で、来春公開の「僕は妹に恋をする」を観た。原作のマンガはよく知らなかったが「僕妹」の略称で知られる青木琴美（昔同じ名前のロマンポルノのスターがいたけど別人）の大ベストセラーらしい。監督は「blue」の安藤尋。（中略）会場で先輩ライターの我妻正義氏と会い、谷岡氏と三人で有楽町のガード下で飲む。風邪も引いてることだしチョイト一杯のつもりが終電ギリギリに……。

「僕妹」擁護派の我妻さんと論争になる。彼の擁護の理由は製作の事情と戦って健闘しているということだけど、それはすべての作品に当て嵌まることだと思う。結局は作り手が知ってるヤツかそうでないかの矮小な理由しか見えなかった。透けて見える製作条件から、ならばこのようなやり方もあった、あのようなやり方もあったと語ることも出来るのではないだろうか？

作り手が作り手を批評するのをみっともないとは、僕は思わないのですよ、我妻さん。

出来上がった映画を批評する権利は誰にでもあるし、またその覚悟を持って作ってるのではないでしょうか？

僕たちの仕事とはそういう仕事だと思うのです。馴れ合いの仲間意識から何も生まれてこなかったことは、あなたが一番ご存知だと思いますけど。もちろん、アライさん（注：荒井晴彦）世代の相互

批判からも何も生まれてはきませんでしたが……。〉

これに対して、「ナジャナジャ」というハンドルネームの脚本家石川雅也が食いついてきた。

〈映画には監督やライター、その他全てのスタッフがベストを尽くしても、どうすることも出来ない事態が出来してしまうことがある。そういうのは決して「馴れ合い」の結果なんかじゃない。

また映画作りは決して常に「製作の事情と戦って」るわけでもない。「俺は常に製作サイドと戦ってるぜ！」ってんならそりゃ実にカッコいい台詞ではあるけれど、そんなん全ての作品になんか当て嵌まるわけねーじゃん。いっつもそんなんばっかだったらとっくにやめてますよ、こんな仕事。

そんなこともわかんない脳天気な酒飲みはさっさと足洗って、批評家かただの観客になった方がいいんだよ。ラッキーなことに奥さんも働いてくれてるみたいだしね。羨ましいよ、マジで。〉

これを基に論争が起き、さらに二日後の日記で南木は、〈「作家」じゃなくっちゃいけないの？〉というタイトルで、次の内容をアップした。

〈ナジャナジャさんは「作家」である僕が同業である実作者の作品を批評するのが気に食わないらしいんだけど、シナリオライターって「作家」なんでしょうかね？（中略）ナジャナジャさんはよく「お客さん」って言葉を使うけど、その漠たる「お客さん」というのが見えないのね。趣味も嗜好も違う「お客さん」に向けて書けないんだよね、私は。そこでシナリオを書くための指針としたいのは自分という「お客さん」なんだけど。

僕は「映画ファン」であることを恥じてはいない。「プロ」である以前に優れた「観客」でありたいと思う。だって自分という「観客」にしか向けてしか書けないじゃない。もちろん、自己満足に陥りたくないから自分の「観客」としてのレベルを上げたいと思う。そのやっかいな「観客」を相手に書くのは相当しんどいけど（……だから最近遅くなってるんだな・苦笑）。にも関わらず、思惑と違った作品になったり、勝手な改竄にあったりしますよ。結果ひどい作品になって残ってしまってる。でも、言い訳はしないつもりです。だって「お客さん」には関係ないことですよね、ソレ。オリジナルは俺という「お客さん」と最初の読者であるスタッフという「お客さん」が知ればいいことだと思ってるから。

（中略）あと最後に、「ヒモ野郎」とか誹謗はやめたほうがいいと思う。作品とはまったく関係ないことだから、あなたが何度もいうことをそのまま返すよ。――お互い作品で勝負しよう！〉

その後、日記を手始めに、以後も南木と石川雅也は何度も大喧嘩となった。私もまた、石川とマイミクであり、彼の作品をそんなに評価していなかったことを書くと、別の局面で喧嘩となった。

しかし石川の一九九〇年代は乗っていた。

月刊『シナリオ』一九九五年四月号「私のシナリオ作法」には、こんな記事を書いている。この一九九五年には、前年と同じくＶシネマを五本発表している。南木はこの年に、やっとピンク映画でデビューしたばかりであった。

〈結婚以来七年間住み慣れた愛着のある部屋を出て、新しいマンションに引っ越すことになりました。（中略）僕もデビューしてはや一二年になります。娘が生まれたことでもあるし、作業としてもこ

のあたりでフンドシを締め直し、新たなステップアップを目指すべき時なのでしょう。〉
のちに石川の書く代表作、『新・日本の首領』シリーズには、以下の俳優たちが出ている。この名を見るだけでも、その作品の分厚さを感じられるはずだ。いや、少し「異常」だ。
主演は松方弘樹。Ｖシネマの二大帝王、哀川翔と竹内力も出ている。ほかに、現在の二大帝王・山口祥行、本宮泰風とその実兄の原田龍二。Ｖシネマを通しての最大の帝王・小沢仁志とその実弟の小沢和義。津川雅彦と長門裕之の兄弟。山城新伍、梅宮辰夫、千葉真一といった東映の大御所。岡崎二朗と岡崎礼の父子、岡田真澄、宅麻伸、風間トオル、加勢大周、勝野洋、鬼丸、金山一彦、唐渡亮、木村一八、中倉健太郎、小西博之、迫英雄、四方堂亘、清水健太郎、中野英雄、中山弟吾朗、野村将希、白竜、堀田眞三、松田優、的場浩司、美木良介、やべきょうすけ、山本昌平、隆大介、萩原流行、安岡力也、丹波義隆、渡辺大、武蔵拳、川野太郎、小林勝彦、山口仁、江原修、殺陣剛太1、さらには日活の宍戸錠、川地民夫に峰岸徹、高松英郎といった大物。プロレスから藤原喜明と船木誠勝、元お笑いからは、ゆーとぴあ・ピース、ダチョウ倶楽部・寺門ジモン、コント山口君と竹田君・竹田高利、岩本恭生、Ｂ21スペシャル・デビット伊東、片岡鶴太郎、エド山口、ボクシング元世界チャンピオンの畑山隆則と竹原慎二、そしてガッツ石松、赤井英和、大和武士。女優陣は、あの「おれは男だ！」の早瀬久美、今は玉置浩二の妻となったバブル青田こと青田典子、今は二代目林家三平の妻の国分佐智子、元Ｃ・Ｃ・ガールズの藤森夕子、大谷みつほ、嘉門洋子、加えて作曲家の中村泰士など、正に超ド級のオールスターキャストである。だが、世の中の人は、このＶシネマの存在を、ほとんど誰も知らない。

石川雅也は、南木との喧嘩ののち、南木も登場を待ち望んでいた「シナリオ作家リレー日記」（一般社団法人シナリオ作家協会）に登場する。

まずは二〇〇九年四月六日（月曜日）

〈四年前に階段から落ちて左足を粉砕骨折、背骨を圧迫骨折して以来、私は殆ど仕事らしい仕事をしていないのである。〉

続いて二〇〇九年四月八日（水曜日）

〈まったく「遺伝」ほど厄介なものはない。今日はかかりつけの神経科クリニックに行って、いつも通り抗鬱剤と睡眠薬をもらってきた。

不眠症は高校の頃からずっとだが、鬱病の方は完治していたのが、怪我のおかげで再発してしまったのである。私が服用している睡眠薬の量はハンパな量ではない。普通の人が飲んだら間違いなく人事不省に陥る。ところが私の場合、それだけ飲んでも全く眠れない夜もあるのである。

「眠れないんなら仕事すればいいじゃないか」ともいわれるが、不眠のぼんやりしたアタマではとても仕事など出来ないのだ。〉

二〇〇九年四月一二日（日曜日）

〈怪我をする前には常時三本ぐらいの仕事を並行してやっているのが普通だったのだが、それがぷっつりと途切れた。原因はわかっている。頼まれた仕事を中途で投げ出したり、折角の仕事の依頼を断るようなことが何度も何度も続いたからだ。理由は主に左足と背骨の骨折後の体力不足の問題なのだが。かといって、そんな甘えが通じる世界でもない。

果たして私はシナリオライターに戻れるだろうか。実は戻れなくてもかまわないと私は心ひそかに思っているのだが。とにかく企画書地獄はもう真っ平御免である。（中略）

昨年の十月から小説の講座に通い始めた。結局は物を書くことから離れられないのである。物書きというのは業が深いな、とつくづく思う。しかし道を同じくする仲間も増えたし、当分は小説家への道を進んでいくつもりである。〉

この年の一二月のことである。殺人未遂容疑「ミナミの帝王」脚本家、母親の首に包丁。というニュースが飛び込んでくる。

朝日新聞では、こう記された。

〈母親に包丁を突きつけたとして、警視庁は二七日、東京都杉並区天沼三丁目、脚本家石川雅也容疑者（四八）を殺人未遂の疑いで現行犯逮捕し、発表した。

荻窪署によると、（中略）「妻の連絡先を教えろ。教えなければ（母親を）殺すぞ」と脅迫。約1時間半後、署員がすきを見て取り押さえたという。妻（四七）は今年夏ごろから、同署に「夫から暴力を受けている」と相談。中学生の娘とともに数日前に避難のため家を出たという。石川容疑者は「難波金融伝　ミナミの帝王」シリーズなどVシネマを中心に脚本を手がけているとされる。〉

毎日新聞では、こうだ。

〈荻窪署によると、石川容疑者の妻（四七）は今年六月から数回、同容疑者から暴力を受けたと同署に相談していた。今月からは中学生の娘と共に友人宅へ避難しているという。石川容疑者は、金融業者を主人公とした映画の人気シリーズ「難波金融伝　ミナミの帝王」などの脚本を担当していた。〉

南木はご丁寧にも日記を上げる。

〈実はこの石川ヨーギシャは元マイミクさんでありました。かつては年間一〇本以上のVシネマを書いていてその世界のエースでした。しかしVシネマ衰退とともに仕事がなくなるという多くのライター受難の象徴みたいな存在のひとりであります。それでも小説家へ転進するため頑張ってたらしいと人づてに聞いていたのですが。

でも、暴力はいけないよ石川サン。そんなの無頼でもなんでもないから。とくにDVなんて弱虫のすることだと思う。ま、弱虫だからシナリオライターなんかしてるんだろうけど…。私は人に殴られることはあっても殴ったことのない弱虫ですけどね。〉

南木が死んだときに、石川雅也が何を思ったかは分からない。南木の五カ月あとに、Vシネマにも登場していたピンク映画俳優の大物、伊藤猛が五二歳で急死する。私は何度も会っていたが、いつもたくさんのピンクの人たちと一緒であった。二人きりで今度会おうと約束し、その矢先の死であった。年上でかつ北海道出身だと思っていた。だが、死後に同い年で九州出身だと聞かされて驚いた。

南木からよく名前を聞いていた瀬尾みつるという脚本家が、南木について書いてくれた。

〈自身の体調が芳しくないのもあって、作協仲間の南木君の訃報には正直驚いた。驚いた以外のなにものでもない。〝寿命〟といってしまえばそれまでだが、ちょっとなあ…。強烈なキャラで、曲者には違いない奴だったけど、かなり前にゴールデン街で呑んだのが最後になるとは…。今日の日中、おそらく彼が旅立っていた頃に虹が出ていた。毒舌もほどほどにね。バイバイ！〉

この日記の三カ月後のことである。瀬尾みつるの続きだ。

〈昨日、人生初の入院。朝から慌ただしく病室や施設の案内、体重や血圧を測って病室へ。色々忘れ物があったが、コンビニで何とかなりそう。担当医からの説明を受けて、後はのんびり?くつろぐ。今後、根気良く病と闘いながら過ごす事にはなるが、負けずに行くべ。病院食は思いのほか美味しかった！〉

そして、南木の死後二年と経たないうちに亡くなった。

瀬尾みつる。脚本家。二〇一六年三月二一日。享年五五。不遇であったのか、時代が既に悪かったのか、作品化に恵まれなかった。それでもシナリオ作家協会のリレー日記を書いている。南木は「瀬尾がなんで書いているんだ」と毒づいていた。その毒舌を、またしてもあの世で聞かされているのかもしれぬ。

二〇〇三年の月刊『シナリオ』七月号にも、瀬尾は書いている。小学五年生の時に観た映画のことから。

〈「小さな恋のメロディ」「栄光のルマン」の二本立てを観た。（中略）それからは、寝ても覚めても映画のことが頭から離れられなくなり、親に無理をいって八ミリカメラと映写機を買ってもらうという暴挙に出た。そしてシナリオ（らしきもの）を書き、映画らしきものを初めて撮った。（中略）それからというもの、中学、高校とシナリオ（らしきもの）を書いてはせっせと短編を作り、上映会を開いてきた。（中略）シナリオライターとしてはさしたる代表作もないまま中途半端に貴重な時間を食いつぶし、気が付くと四〇歳を過ぎてしまっている自分がいた。〉

こののち一二年。結局、瀬尾みつるのシナリオ作品が映画化、Vシネマ化されることはなかった。瀬尾の死に際し、同じシナリオライターで、南木が強烈にライバル視していた井上淳一が、月刊『シナリオ』に熱く、それでいて冷徹な追悼文を書いている。

〈瀬尾さんの「優しさ」は、中森明菜の『十戒』にあるように「き弱さの言い訳」だったのかもしれない。それが、映画人として何ひとつちゃんとした作品を遺せなかった最大の要因であったとも思う。でも、そうだとしても、僕が瀬尾さんの訃報を書いたフェイスブックの投稿に寄せられたコメント72件の、そのほとんどは瀬尾さんの「優しさ」に触れた人たちのものだった。そのことは誇っていいと思う。〉

最後はこう締められている。

〈これは他人事じゃない。いつ我々に起こってもおかしくないことだ。最貧困脚本家はすぐそこにある危機だ。だから、書こう。生きるために、書くしかないのだ。〉

そして石川雅也が瀬尾と同じ年に亡くなる。二〇一六年九月二五日。享年五四歳であった。

Ｖシネマの青春。

二〇二〇年、九〇歳で大往生の桂千穂氏よ。

二〇一三年に私が著した『竜二漂泊　１９８３』のなかで、日本映画が最後の足掻きを見せた一九七八〜八三年の六年間に絞り、脚本家の書いた本数ランキングを調べた。

一位が桂千穂（『幻魔大戦』など）の四〇本で、二位の荒井晴彦の『時代屋の女房』などの二一本、三位の『男はつらいよ　口笛を吹く寅次郎』などの朝間義隆一九本を遥かに凌ぐ量産作家であった。

桂千穂が一九九〇年に書いた檄文に、Ｖシネマを目指すＶシネアストたちは皆、心踊らせた。

一九九〇年代、二〇〇〇年代、桂千穂と最も一緒に映画を観て、一緒にお茶で、食事で激論を戦わせたのはたぶん私だ。激論となったのは、ほとんど全部の映画について、全くといって良いほど意見が合わなかったからだ。それでも二人楽しかった。私は一度もお金を払ったことがないけれども、それは懐事情だけではなく、桂さんの人柄による。その分だけ、桂さんは目一杯、先輩方やライバルも含めて、特に後輩の悪口雑言をいいまくった。私にはいいやすかったのだろう。誰よりも喜んで聞いていたから。私がどこにも属さず、業界とのつながりが薄く、付き合いが悪いことも、その要因だろう。

あの時代、桂さんはともかく、私は試写室とビデオで生活時間の半分以上を過ごしていた。周囲の者から、お前には人生がないともいわれた。だけど、そこにはいつでもないが、桂さんがいた。私には他に仕事もなく、旅行にも行かず、それまで趣味だった野球やボクシング観戦も、コンサートやライブもやめた。そこが職場だった。

桂さんの罵詈雑言には愛情があった。どんな悪口も後輩の活躍と化学変化、突然変異、大爆発を願っていた。素晴らしかった。かなり臆病で、信念がなく適当な人でもあった。私にとって、それが人生だった。

一時期、カッパに近い禿げ方をしていたのに、別の病気で女性ホルモンを打ち出すと、見る見るうちに髪が生えてきて、七〇歳過ぎてフサフサになった。増毛剤、育毛剤は一切使っていない。そもそもカッパでも気にしない男であった。

「女性ホルモンのせいか、最近の桂さん、喋りが女性っぽくありません？」

「あらそーお。あーた、変な噂、流しちゃダメですよ。映画の世界の人は、普通に馬鹿というか、まともじゃない人が多いから、どんな目に遇うかわからない。やめてくださいよ」

「なんか、その喋りがヤバイですよ」

「あーたに係るとこれだからいけない。だんだんそっち方面になって来たじゃないですか」

「そっちって、どっちですか」

「そっちはこっちですよ」

「こっちですか？」

「いや、あっち」

「あっち?」

「いやいや、あっち方面は、あーたに任せます」

「じゃあ、こっち?」

「いや、こっちですよ」

一九九〇年代以降の桂さんは、劇場公開映画の脚本作品は数本しかなく、特に二〇〇〇年代は完全に評論家および御意見番へと転身していた。そもそも四一歳で新人シナリオコンクールで、焼けのヤンパチ、女性に詐称しての応募が受賞して、デビューから既に高齢であった。だが、昔とった杵柄で、たくさんの映画本、シナリオ教本などを書いた。結局自らはVシネマを一本も書くことがなかった。

亡くなる数カ月前に、無性に桂さんに会いたくなった。入院していたことは知っていたが、どこか知らない。友人の脚本家・原田聡明に尋ねた。原田さんの知り合いが病院に行くと、転院していて、病院に聞いても転院先は教えてくれなかった、という。

桂さん自ら、「転院先を教えないでくれ」と、病院にいっていたという。その前の週にはいた、という。その時、桂さんが、近いうちに大宮の方の介護と病院併設施設に移るといっていたので、そこに移ったのだろう。そのあと、原田さんは、別の知り合いに「シナリオ作家協会」の事務局に聞いてもらったが、桂さんの行き先は把握していなかった、ということだ。

私は、ただ、会いたくなった。死ぬ前に会いたくなったということではない。もう死ぬだろうということで会いたかったわけでも、もちろんない。ただ、会いたかったのだ。いくつか聞きたいこともあった。まだまだ、いつか、いつの日か、会えるとも思っていた。いつでも会える気がしていた。未だにそう思っている。

大林宣彦のデビュー作『HOUSE　ハウス』の脚本は桂さんで、大林の遺作は大林宣彦自身が書いたが、その前の作品『花筐／HANAGATAMI』は、大林と桂千穂の共同脚本だ。大林宣彦が四月に八二歳で亡くなったのを見届けてから、八月に九〇歳で逝ったのだろう。

水木しげるの漫画に出てくる妖怪には「ぬらりひょん」など、桂さんそっくりの相貌や雰囲気のものが幾体かいる。どうも、その仲間入りを、少し遅れて大林と共に、果たしたようにも感じた。妖怪コンビ。

だけど、桂さん。

いや、Vシネマ。

〈開拓時代のアメリカ西部の荒野にも似た、栄光と黄金の土地が待っているかもしれない〉のではあったけれど、若い者が、桂さんよりも皆早くに死んでいった。

その荒野は地雷だらけで、未知の病の蔓延している土地でもあった。もう砂漠だ。背に仲間を背負い、凸凹した出鱈目な道を、砂に足を取られながら、「明るく振る舞って」前に進んでいるのが今のVシネマだ。

私は骨を拾わない。文字で残したいわけでもない。一瞬だけ、誰かの目に触れるかもしれない、ナチ収容所の土中に埋められた小ビンのごとくに、もしかしたら発見されず、空しく消える覚悟でなお、儚く囁いているだけである。

　今の新型コロナ禍以降の世界では、交通、観光、飲食、エンタメ、スポーツなど壊滅的な打撃を食っている。サラリーマンまでが、使命や目標を喪失し、この世に「いてもいなくてもよい」存在と化しつつある。医療や福祉、教育、政治、ジャーナリズム、一部の表現活動が、ギリギリその存在意義を見いだしている。Ｖシネマの時代、最後の砦として、「いてもいなくてもよい」代表格の芸能人の中での末席のようなＶシネマ人が、その目標と使命感と存在意義とを見いだしかつ創出しようと、娯楽の立ち位置から、一つの表現として必死に闘っていた。

　青春というには、中座した、あまりに背負う仲間たちが重すぎる。

　こんな文字は書きたくないが、合掌する。

　Ｖシネマ地獄に堕ち、のたうった勇者どもへ。

　さらば、黄金の土地。

好かれ続ける嫌われ者

　バカでも、生きていてほしいと思う私が、常にいる。私が南木に生きていてほしかったのは、あいつが立派だったとか、功績を残すだろうからとか、そんなことではない。その点でいうなら、立派でもないし、功績を残すこともなかっただろう。

しかし、ああいうそこそこに悪い奴で、しかもその事を当たり前として提示でき、かつ他の人間の嘘を暴くにちょうどよい程度に自身の悪にも自覚的なあいつこそが、生きて、存在感を示すべきだったのだ。友としては、軍神のように、映画に殉じた立派なカツドウ屋などに、祭り上げられるのは「糞食らえ」だ。

三島由紀夫の翌年に生まれ、三島と一八年間付き合った親友の文芸評論家奥野健男は、『三島由紀夫伝説』（新潮文庫）を、一九九二年一一月二五日に書き上げる。実に、三島の死のちょうど二二年後だ。それだけ書けなかった。

〈三島由紀夫を同世代の批評家として書き残す義務があると思った。けれど書けなかった。（中略）ぼくは自分の中の嵐が静まるのを待つしかなかった。〉

「Vシネマ二五年の裏側」と題して、脚本家佐伯俊道が、月刊『シナリオ』二〇一五年二月号に、こう書いている。

〈Vシネは、各パートの新人を育てるという長所はあったが、その反面、作り手に暗黒の時代を強いたのも、まったき事実である。撮影現場においては徹夜に次ぐ徹夜の連続で、体調を崩して業界を去る者も多く、脚本家にとっては、とりもなおさず、著作権放棄の問題があった。その問題をめぐって多くの脚本家が傷つき、苦闘し、命を絶ち、ほんの一部では勝利したが、大半は敗れ去った。〉

月刊『シナリオ』二〇一四年一一月号の座談会「月刊シナリオを考えよう」では、勿体無い奴だった。大きな損失だ。南木という、怖いもの知らずの鉄砲玉を失ったと、荒井晴彦が述懐している。

〈荒井晴彦　惜しい人材を亡くしたね、南木という。

（司会）黒沢久子　あの人、匿名じゃなくても書いてくれる。〉

ルールも決まり事もそれなりの時期も無視して闘う南木がいた。そういう南木を常に支持はしないけれども、行動を起こさなければ、進まない。「どうせ闘っても変わらない」という諦めの言葉は、行動しないことへの自己弁護であり、第二の死に、セカンドレイプに、手を貸しているといえる。お騒がせ屋としてのあいつがまずいなければ、世界は真っ暗で、権力を持っている者の自由にしかならない。

売れない役者の取りっぱぐれのギャラを上野のお店に取りに行く。七万円だ。私一人では怖くて無理だった。本質的な改革には何もならなかったけど、暴力を超えた寛容さと、やはり見せかけの許しと心中の「許さない」がそこにはあったと思う。

山田太一には、毎回必ず見てくれるライバルのような脚本家の田向正健がいた。映画、Vシネマ、テレビドラマのほとんどを差別なく観るという馬鹿は、南木と私であり、互いの作品についても注視し合った。

〈故・田向正健さんとは、お互いライターになっていくらもしないうちから、相手の作品は必ず見るということを続けていた。（中略）一貫して誰かが見ているというのは励みになった。（中略）亡くなったのは、こたえた。田向さんがなんというかを聞くことができなくなった。年をとると、こういうことが起る。そんなことは分かっていたが、実際に起って、自分にはもう誰かと新しくそういう関係をつくる時間がないということが、生々しく空腹のようにこたえている。〉（『夕暮れの時間に』山田太一／河出文庫）

南木の友人で、前述した長尾洋平という脚本家がいる。上野樹里と、二〇二〇年に自殺した三浦春馬が主演した傑作映画『奈緒子』の脚本を書いている。現在は神職で、シナリオライターを廃業したような状態である。私の映画『Vシネマ魂』の時に、南木が連れて来て、はじめて会った。だが、その後は「南木顕生を偲ぶ会」まで会うことはなかった。彼のミクシーの日記から。

〈南木さんのこと。二〇一四年六月一一日。

この数日間、南木さんのことばかり考えている。

南木さんは四月四日に亡くなった。急性大動脈解離で、倒れて緊急手術、その後、意識不明の状態が何日も続き、そのまま息を引き取ったとのことだ。このことを知ったのは、数日前のことだ。南木さんがぼくにとってどういう人物だったかというと、シナリオ講座時代の同期であり、先輩であり、先生であり、師匠でもあり、友人だった。こういうふうに定義づけしようとすると、かえって遠ざかるな。南木さんがどう思ってるかはわからないが、ぼくは、自分は弟分のようなものだったと思っている。実は、こうやって相対化しようとしながらも、気持ちは重く、痛みというほど鋭くはないが、腹にごろりと異物を抱えたような感覚がある。南木さんについて、まだ書く時期ではないのかもしれないが、同時に、今、ちゃんと言葉にすることが自分にとって必要だとも感じている。しんどいが、がんばろう。

南木さんとは、シナリオ講座の研修科で出会い、その後、シナリオ制作のアシスタントとして濃い日々をすごし、そして、ここ一〇年近くは距離を取るようになっていた。このあたりの経緯については、また改めて書くことにする。南木さんのことを考える上で大切なのは、南木さんがぼくと深いところでコミュニケートできる人だったということだ。

何かを表現するということは、言葉に表せないことをかたちにするということだ。ぼくらは、その直接手に触れられないものを取り扱うために、映画や小説、マンガや音楽（音楽については南木さんは不得手だったように思う）を使って会話する。そういうレベルのコミュニケーションにおいて、ぼくは南木さんと多くのものを共有できた。少なくとも、ぼくは、そう思っていた。大して役にも立たなかったぼくを、ことあるごとに呼んでくれたのは、もちろんくすぶっているぼくを何とかしようという親心があっただろうと思うが、そういう要素も大きかったと思う。その後、ぼくが自分でものを書くようになってから、何度も、南木さんにとってのぼくのような存在が欲しいと感じるようになった。自分自身と向き合うための媒介であったり、時には増幅器であったり、また安定器でもあったりする、そういう存在だ。

南木さんにとってはそういう存在は他にも多くいたのかもしれないが、ぼくにとっては、南木さんは特別な存在だった。それ故に、その後、距離を取らなければならなくなったともいえる。ぼくは自立するために、南木さんから離れなければならなかった。このあたりの話はわかりにくいかもしれない。まあ、表現が下手なのもあるが、そもそもわかりにくい話なのだ。おもしろいことに、深い部分で通じ合うといいながら、ぼくと南木さんは、まったく異質で、けして相性がいいとはいえない、というのも事実だ。親和性と拒否反応とが同時に作用するような、そんな不思議な関係、というのが、ぼくの思う、南木さんとの関係だった。

今回は、ちょっと観念的な話になった。次回は、もっと実際的な話を書こうと思う。南木さんがしてくれたことについて書かなくては申し訳ない。南木さんはどう思ってるかわからないが、南木さんはぼくにとっては何よりの恩人だった。〉

この文章が物語っているように、南木は多くの人間に影響を、目標や糧を、与えてきた。映画『ラストソング』は、自殺した脚本家野沢尚が、自ら「代表作といってもいい」と記している作品だ。夢を目指し、上京してきた二人組のうちの、自分を引っ張ってくれた片方の人間に死なれてしまう。そこから、自分なりの自分を見つめ、生きていく話だ。

南木の死後、六年と半年が過ぎていた。長尾洋平に会ってきた。

長尾と南木がともに脚本を書いていたのは、一九九八年から二〇〇四年までで、この間、南木脚本作品として作品化されたのは、長尾の関わったもので全部で五本である。

流れて作品化はならなかったプロットおよびシナリオは、宮崎学原作の『突破者』、タイムスリップ物『三億の郷愁』、探偵物『坂田京助』、連続殺人鬼『デザルボ輪舞』、連続テレビドラマのコンペ作品『シュガー・コーティング・マスタード』、ＳＷＡＴ物『眼差しの行方』、フェリー・ジャック物『水たまりの箱舟』、やくざ残酷物語『首』、漫画原作の『喜劇！駅前虐殺』など一九作品もあった。『ロックンロールミシン』などは二〇〇〇年から手掛けていて、「ほぼ決まりだ」と南木はいっていた。結果からいうと、二〇〇二年九月に、佐藤信介脚本の映画が公開された。佐藤信介は、ちょうど南木が手掛けている頃に、私がインタビューをして記事を書いていた。まさか、南木の作品を佐藤が書くことになるとは夢にも思わなかった。

　これら過酷なシナリオライター残酷物語を、私は近くで南木から何度も聞かされていたが、長尾の話を聞くと、さらに悲惨で、やりきれないものがあった。業界自体の脆弱さと、もともとの映画界からのしわ寄せ、時代と環境が後から悪影響を及ぼしてくる。

　あるＶシネ脚本家のアシスタントをしていた脚本家の卵がいる。彼は今や、一般映画でデビューしているが、当時は、ただのぺーぺーだ。いつもパワハラと、非人間的な扱いを受けていた。我慢していた。ある時、テレビ局に持って行くプロットを「書いてみろ」といわれ、やっとでき上がった作品をＶシネ脚本家に見せた。だが、糞味噌に貶される。自分ではよくできたと思っていただけにショックは大きい。もう遅い時間だ。締め切りは明日だが、アシスタントの「卵」は寝た。

　そのＶシネ脚本家は、翌朝まで徹夜で自ら仕上げるという。さあ、朝だ。起きてみると、テレビ局へいく準備をしている。Ｖシネ脚本家が机を離れたので、カバンの中から提出用のプロットを取り出してみた。「さすがプロだ。時間のない中で、よく書いた。徹夜しながら、どんな凄いものを書いているのだろうか」。見覚えのあるものが現れてくる。なんと、自分が書いたプロットがそっくりそのまま出てきたのだ。一字一句直していない。

彼はその足で、すぐにVシネ脚本家の元を去った。そのVシネ脚本家の作品は、その後、二〇二二年の現在、私でも一作品も聞かない。

いくらでもこういった話はある。南木自体が、師匠の悪口もいっていたが、自身が弟子筋に、ひどいことをしていたし、それを目撃した長尾もいた。

だけど、長尾はいった。

「南木さんほどに、情に厚く、天真爛漫で、純粋なひとはいなかった。まず人として面白かった。少し付き合えば、多くの人が初めに抱くであろう誤解は、すぐに解けるはずだ。映画にあれだけの情熱を持っていた人間を、あとにも先にも僕は知らない」

以下は、矢野竜子さん二〇一四年六月三〇日「南木顕生さんのお別れ会」という日記だ。

〈土曜日は、四月四日に亡くなった南木顕生さんのお別れ会と上映会に行ってきた。その会場は半年前位から、上映会をするために押さえていた会場と聞いて、なんとも痛々しい気持ちになった。映画のポスターが天井まで張り巡らせている会場は、普段はシネマバーのような装いのお店。当日は人の多さと熱気に溢れ、まるでライブハウスにいるような感じだった。途中で休憩の時に外に出ると、声をかけてきた方が。なんきんさんとはしばらく一緒に助手のような事をしていたと語っていた。目に見えない所で後輩にはかなり面倒みのいい人だったのかな。と数人の話を聞いて感じた。私も色々あったがある人にネットでネチネチ絡まれていた時に、面と向かってその人をたしなめてくれた事が忘れられない。その後も毒舌は相変わらずで、あちこちぶつかっていて「歩く嫌われ者」みたいに突っ張った一匹狼のスタンスは最後まで変わらなかったようだけど。

最後に会えたのは、名古屋からの知人の歓迎会の席。たまたま会った知人の女優さんを連れていくと、とても嬉しそうに、代表作品、出演作品全ていえますよ。今度、僕の映画に出てください。とにこやかに語る姿が、とても穏やかな雰囲気で、いつものなんきん節もなく微笑ましい感じだった事を昨日の事のように思い出す。

二次会も和気藹々とした中に終了。これだけの人が集まるなんて。なんだかんだあっても愛された憎まれ者だったのかも。二次会である方が、なんきんさんも谷岡さんもとてもピュアなものを持っているると力説していたのが印象的だった。外にでるとまた雨が…。泪雨…。泣きたい気持ちがこみあげてくるけど、なんか気持ちはとても清々しかった。なんきんさん、安らかに…。〉

ピュアといわれたついでに記すと、ピュアを続ける最良の方法は、早く死ぬことに違いない。命を縮めることをピュアと呼ぶ。

そして、生き続ける馬鹿。

その13

根室《ねむろ》さん～訃報を自らの手で配っていた

私にとって、最初に身近に死を意識したのは、自殺である。

根室さん（仮名）という、私の家で働いていた人だ。

父の営む時計店で、自宅兼仕事場にいた、たった一人の従業員だ。

父は、足をケンケンするように、びっこを引いて歩く身体障がい者だったが、根室さんは、もっと重度の障がい者だった。「びっこ」という言葉を子どものころから、父も含めて、当たり前に使っているが、これが使用不可言語だという意味は未だにピンと来ない。言い換えるべき言葉があるなら、以下、変えておく。父の足の甲にはボルトが入っている。足首は直角のままで、八〇度にも一〇〇度にも曲がらない。左右の脚の長短もあり、それゆえに「びっこ」を引くことになる。子どもの頃から一〇度以上の手術をしてきたが、ボルトは父の人生の最終型となった。

理由を尋ねたことはないが、根室さんを同じ障がいを持つ人間だから雇っていたことは明白だった。子どもぐらいしか、そんな障がい者つながりの話題を平気でいえる人間はいないはずだが、私は、大人びていたので、やはりその疑問を口にはしなかった。

私の子どもの頃の写真を見ると、母と映るのはもちろんだが、それよりも、父以上に、根室さんにおんぶされたり抱っこされたりしている姿が目立つ。

父は遊び人というか、家にいるのも嫌いであったし、家族旅行といったものに一切参加しなかった。だから、使用人的に使われていた根室さんと共に過ごす時間が私には多く、また可愛がられてもいた。

何しろ父は、昼間から家にいない。仕事をすべて、真面目な根室さんに任せっきりで、押し付けたまま、平日はパチンコ屋か映画館、土日は競輪と競馬、高校野球のシーズンとなると連日球場に出かける。その後、根室さんは、結婚して独立し、日高支庁の「とある町」で、自身の時計店を開く。私が生まれ育った町は、同じ北海道の後志支庁で、虻田郡真狩村という。根室さんがいなくなって父一人となり、当然のごとく、店は潰れた。

根室さんには、子どもが生まれ、一人、二人と増え、大きくなり、その日高支庁の町から、自分と子どもと、あるいは奥さんも連れて、近況の報告がてらか、真狩村にやって来た。

義足で車の運転をしてやってくる。その様子が、当時、一九七〇年代の大腿部までの義足技術では、それほどにスムーズではなく、つらそうだった。だけど、子どもたちは可愛らしく、そのつらさをかなり上回って幸せそうに見えた。私と母が一緒にいるときの根室さんは、少しよそよそしく、父と二人になると、少し砕けた話をしているようだった。おそらくお金を借りに来てもいたのであろうし、その様子を母は知っていて、人の好い父は、いくらでも貸してしまう無計算の男であったから、母の曇り顔は、無心されるその額について、心配してもいたのであろう。

今も生きている母に、そのことを尋ねたなら、記憶をたどれば、分かることはあるだろう。当時、根室さんの来た時の状況を聞くことはできる。だが、それはとてもとてもしたくない。なぜかというと、誰一人として、喜ぶ楽しい話にはならないだろうからだ。ノンフィクションなら、取材対象の、たとえば母と同じ年齢の女性であっても、お前は、平気で尋ねるではないか。そう指摘する人もいるだろう。そうだといえば、そうだ。では、身内には手心を加えているのか。

そうではない。私は、根室さんが好きだった。自分までをも殺したくはないのだ。

私のその後の人生で、特に男性として手本としているのは、父ではなく、根室さんである。

父は、多くの著名人を含めて、身近な人間をも、凄いとか立派だ、と褒めるのだが、そのパターンが決まっていて、かなり一面的であった。そして少なくとも、自分よりも実力があり、人徳もあり、店を支え、もっというと切り盛りしていた根室さんを、それゆえなのか、低く評価し、バカにしていたところがあった。そして、かなり重度の障がいを持って、義足姿で現れる根室さんを、半ば大したものだと思いながらも、どこか、現れてほしくなかったのではないか。

それまで黙っていた在日コリアンであることをカミングアウトする芸能人がいる。その傍で、自身も隠している芸能人がいたとして、それをあまり有難い行為だと感じない人もいるはずで、父も、そんな心境ではなかったか。

その根室さんが、車に排気ガスを引き、家族を残して自殺した。

高校に入った私は、真狩村から離れ、札幌市で一人暮らしを始める。家族に内緒で新聞配達を始めた。莫大な量の映画を観るためであった。朝刊を配り終え、下宿に戻り、登校前に、ざっと読む。北海道新聞の社会面の下の方に、根室さんのそのニュースを発見する。

ハロー、ダークネス。私の好きなおじさん。

夏休みに、家に帰って、その話題をした。母も、父も、別の意味で、互いにかなり違う角度から、しかしともに同じような当たり障りのない返事をしたのみであった。それっきり、話題からは消えて、逆に私の頭の中で、根室さんは生きたままである。

手本となる人間の方が、手本にならない人間よりも、たいていは早く死ぬ。そのことを、かつては不幸せなことだと思っていた。だが、今はそう思わない。なぜなら、相手をどれだけ好きであるかの指標は、相手の前でどれだけ良い人でいられるか。良い人間を演じられるか。正直でいられるか。嘘を付かないか。

恋愛でもそうだが、その無理であれ、演技であれ、「理想であろうとする」そのことが、自分に幸せをもたらすものであるからだ。もし自分が、相手の中で生きていたかったなら、嘘をつかないことだ。

自殺に嘘はなかったのか。

私の中では、ない。

実は、その後に、「根室さん」は私の行くところ行くところに現れる。ビデオ屋のお客さんとして、職場の同僚として、Vシネマの現場のキャスト・スタッフとして。皆が皆、無名の、何者でもない「売れない」存在だ。それでいて、その場をしっかりと生きている。

彼らが、今でも私の中で生きているのは、私の前で、嘘をついていないからだ。

高校時代に、父がおらず、母親一人に育てられ、苦労をしていると思っていた友だちがいた。その割には、物の見方も甘いし、生き方にも厳しさがない。母子家庭の子が皆、頑張り屋のしっかり者とは限らない。けなげさの欠片もない親不孝者だっているだろう。それでも、彼をどこか一目おいて見ていたのは、なんだかんだいって、母親に対する尊敬があり、そう思って見たら、彼の言動も、いろいろ理由付けできた気がしたのだ。

ただ、家に電話したときに出る彼の母親の声は、がらっぱちで、品も感じられず、それでも、苦労がそうさせているると感じて聞いていた。ところが、後年、彼には両親が揃っていて、父が死んだという事実はなく、単なる私の勘違いであることを知る。

そう思うと、何から何まで腑に落ちる。やっぱり苦労知らずの木偶《でく》の坊《ぼう》ではないか。だんだんと腹が立ってきた。勘違いしていた自分にも、薄ぼんやりとした彼の「有りよう」にも、ムカムカするものがあり、過去の考えや思い込みを全部、頭のなかで書き替える作業をしなければならないと思った。

だが、そう簡単にはいかない。それまで年上と思っていた人間が、突然に年下だと分かった時のような、男だと思っていたら、女だったような。しかし実は、初めから変わらないのだ。ザ・バンドの曲ではないが、「同じことさ」。

属性で判断しようとする、そのレッテル貼りその事がダメなのだ。実は、変わらない。尊敬していたのなら、彼はそういう奴であり、両親が揃っていることを分かったからといって、評価を変えること自体がおかしいのだ。何か事件が起きても、日常の出来事であっても、「ああ、なるほど」と、何か特定の理由を見つけて、教えてもらって、納得しようとする。だけど、そんなことはない。本当の理由などない。

こうだから、あれをした、これをした。病気だった。異常だった。異端だった。アウトローだった。その場合、理由となるのは、「正常ではない」「普通ではない」「常識ではない」「社会性がない」などである。そんなことで、いったい何を納得したがっているのか。

そうじゃない。非常に分かりにくく、納得のいかない、決着のつかない、気味の悪いほどに曖昧ではっきりとしない理由が、ただただだらしなく目の前に横たわっている。それがより正しい姿だ。そこに嘘はない。受け入れがたいほどに鋳型に当て嵌まらない姿形であっても。

根室さんの死が、そうだった。

立派であっても死ぬ。

その14

北村広一《きたむらこういち》~こんな男がいた

ある男がいた。私より以前に南木と仲間だった男だ。その男は南木の二年前に亡くなった。その亡くなった男は私よりも、一週間だけ遅い生まれだった。一九六二年一〇月二七日生まれ。ということは、私は一九六二年の一〇月二〇日生まれなのである。それで少し驚いたのが、南木を偲ぶ会にやってきた女優の筒井真理子さんである。南木の遺作映画の主演でもある。会が終わって二次会も終え、徹夜で映画を観たあと、朝方、家に帰り、彼女について、少し調べた。一九六二年一〇月一三日生まれとある。間違いがなければ私の生まれの一週間前だ。筒井真理子、谷岡雅樹、北村広一。並べてみてもしょうがない。

以下は、二〇一二年六月三〇日に亡くなった北村広一が、かつてくれたメールである。

〈谷岡様、私事で恐縮ですが、約一年前に、同居している父が突然夜中に苦しみだし、救急車を手配しました。脳梗塞でした。幸い一命はとりとめましたが、片側麻痺と認知症となり、家では面倒見切れないため、グループホームに入所させました。母は既に亡く、僕は一人っ子なので、ホームに入れたとはいえ、僕が全ての事を対応しなければならず、それらのことや、職場での理不尽な仕打ちで心労が重なり、昨年九月半ばから、いわゆるうつ病になり、会社に行かなくなった末、結局退職。その後、引きこもり状態に陥ったのですが、幸いにも心療内科の先生が優秀な方だったことに加え、多くの友人・先輩の励ましで、昨年末には何とか回復し、その後、今年の二月から失業給付を受け、訓練校に通ってます。それも、明後日で卒業。

そうすると、ホームヘルパー二級資格と、介護福祉用具相談員の資格を、二重にゲット出来るのです。真面目に勉強したせいか、卒業後の就職もほぼ決まりつつあります。また、父もGW明けから、特別養護施設に移ることになりました。左方麻痺と認知は変わりませんが、いたって健康です。僕は今、一年間の苦労が報われ、新しい光が差してきている、そんな気がしています。（以下略）矢口銅鑼平こと北村広一〉

その彼が、入院中の父を残して、鍵をかけたまま、亡くなった。自殺と思われる。人が死を選ぶ理由は何か。原因はどこにあるのか。老衰死と病死とは違うというだろう。事故死はさらに違うというだろうし、自殺ならなおさらであろう。戦死、虐殺死、脳死、精神死。だが、その境目は他人に、あるいは本人にさえ、分かるものなのか。

三〇年も前の話になる。従弟がタバコの火で焼死した。婚約中だった相手女性には命が宿っていた。従弟は一人っ子であったから、叔父さん夫婦の悲しみは察するに余りある、と書いてはみるものの、書くこと自体が、空虚だ。

事故死だが、事故死といわれて、いったい何について納得のいく解釈と受け取り方をできようか。言葉など軽くて、悪にとっての方が便利なものに思えてくる。

叔父さんにとってもそうだが、私にとっても、死をどう気にしていくべきことなのか。伝えるべき何かがあったとして、さらに物語のように共有できたとしても、所詮は、架空の、別の、もう一つの人生ではなかろうか。ただし、無念の死だけは、そっとしておくべきものである死の中にあっても、残しておかねばならない死のはずである。

死は、遺された者には重いが、事象自体はあっけない。

その瞬間以外は、すべて生である。

プロレスラーの木村花が亡くなったのは、死の状況や、遺書らしきものの存在や、インスタグラムでの最後に当たる投稿などから、自殺と思われるが、では、自死の本当の理由は何なのか。誹謗中傷による傷心はかなりな部分を占めるだろう。だが、そんなことなのか。

私が思うに多くの自殺は、世の中に絶望した時だと考える。好きな相手がいて、その一本の糸が切れるだろうことが分かった時に、ほかの選択肢が世の中にあったところで、たいして面白くもないであろうし、かつそんなものは「代替品」にもならず、目指すに値しないと考えたからである。

南木が亡くなったとき、南木の母は、「顕生《あきお》の代わりは他にはおらへん」と泣き崩れた。翌年、疲れ切ったのか、南木の後を追うように、鬼籍に入る。

相撲の横綱を目指してきたものが、野球もあるよ、サッカーもあるよと、スパイクやシューズの種類を選ばされるようなものである。靴を履くこと自体が、もう既に「合わない」足になっているのに……。

良いよ、もうこの足ごと飛ぶよ。

北村広一。ミクシーの自己紹介には、こうある。

〈映画、音楽、読書好きの平凡だが、意外と中身のある と自負している男です。どうぞ皆様、よろしくお願いします。〉

好きな邦画を九一本挙げ、他に三〇〇〇本くらい好きな映画があると書いている。

北村が亡くなった翌年に、「高年齢者校」という学校に再就職のための入学試験を受け私は入校した。同じ訓練校を出た北村に重ね合わせて、私は怯えてもいた。

北村と私と南木との共通の友人に、川畑隆一がいる。一九六三年八月二九日生まれで、北村と私の一つ下、南木の一つ上である。船橋中央署から電話を受けたのは川畑である。妻から情けない男といわれるダメ夫と自称するが、大学を卒業後一部上場会社に就職し、サラリーマン人生を全うしている。川畑は若い頃からの映画ファンではない。珍しいことに、会社に入ってからのめりこむ。千葉から来て新宿のカプセルホテルに泊り、合宿するように映画を観ていた。一九九八年になってグリソムギャングに加わり、一つ年上の映画獣北村を知る。三五歳での、趣味の始まりであった。そこから異常な映画三昧を現在まで、会社員でありながら続けている。二〇一三年の北村の死後も止むことはない。

北村と知り合ったのちに川畑は、見合い結婚をしているが、北村の方は、九州まで追いかけたりした激しい恋も実らず、独身のままであった。会社を辞め、親の年金でしのいでいたという。東日本大震災の二カ月前に父親が倒れた。それが彼の生活を直撃した。自宅で亡くなっているところを警察が発見した。部屋の内側からチェーンが掛けられていた。

川畑隆一の日記にはこうある。

〈私にとって家族以外では最も大事な人間でした。親友であり、先輩であり、師匠でもありました。彼がいなければ、いま私はこうしていません。（中略）悲しいことに、彼は天涯孤独といってもいいような身の上であり、病に倒れて療養中のお父様以外に頼れる親族はなく、私が一番親しい友人だったようです（私にとってこそ、一番の友人でしたが）。

警察での捜査（確認）が終わるまでは遺体が返されることはないでしょうし、遺体を引き取るのは病身のお父様でしょう。（お父様の思いを考えると、胸が張り裂けそうです！）半身不随のお父様の状態から考えるに、葬儀を行うことも難しいように思います。いち友人に過ぎない私には、そのへん干渉のしようもありません。（以下略）〉

南木がコメントしている。

〈若すぎますよ。しかもあんな寂しがり屋が孤独死なんて。〉

一一月三〇日に「矢口銅鑼平さんの思い出を語る会」が開かれた。私はいかなかったが、南木はいち早く参加を表明した。

〈参加します。彼とはいろいろあったけど二十年以上前からの知人だから。〉

北村広一は、日本映画史上の名作である高橋伴明監督『襲られた女』について、日本で一番研究を重ねた男だ。というよりも、多くの映画バカ、映画ファン、シネフィル、映画獣とさまざまにいわれる者たちの代表的な人物で、これらの人の中から、プロが誕生し、業界が形成されていて、その手前で業界を支える、最も重要なキャラクターの人間だったのではないか。

間違ってプロになった者もいれば、期せずしてアマチュアのままだった者もいる。デビューする／しないの差は、運と巡り合わせ程度のものだ。

その北村に「就職してから」導かれたという、遅れてきた映画青年が、川畑隆一である。彼こそ、映画ファンを地で行く以上でも以下でもない男で、ネット上では、「アール・ケイ」の名で知られている。

〝最後の〟映画ファンといいたくなるほどに、映画鑑賞に費やす人生を生きている。映画製作にかかわることや批評などは一切しない。クラウドファンディングやフィルムの修復、デジタル化にお金を出すか、ＳＮＳで、ちょっかいを出すのみに命を賭ける変な男として知られる。

多くのサラリーマンは、サラリーマンに還り、映画ファンは、プロもしくは、プロに近い「もどき」となるものだが、川畑は、いそうでいない単なる「生涯一映画ファン」を通している稀有な存在だ。

北村は死に、川畑は生きている。

その15

菅原文太〜その死

二〇一四年一一月一〇日に高倉健が死去した。

死の前年に高倉は、俳優としては四人目の文化勲章を受章していた。一九九一年の森繁久彌、二〇〇〇年の山田五十鈴、二〇〇五年森光子に次ぐ受章である。私にとっては、健さんの評伝を書こうと、モタモタしているうちに亡くなられてしまった。

そのすぐ後の一一月二八日に菅原文太が死去する。高倉健を最も意識していた俳優だったはずだ。菅原文太についても私は、評伝を書くため奔走していた。文太が映画から遠ざかったせいか、編集を引き受けてくれた『キネマ旬報』でも住所を知らない。知り合いの俳優を辿れば辿れたが、親しかった映画人からさえ、縁を切っていたようだ。『THE YAKUZA MOVIE BOOK』（マーク・シリング／ストーン・ブリッジ・プレス）で文太のインタビューをしたマーク・シリングから自宅を聞き出す。そして直接マンションに行き、入口の管理人さんに手紙を渡した。のちに返事がある。結果からいうと、断られた。

だが、当時は気づかなかった。実は、当人のインタビュー取材などなくとも、「書ける」のだ。そのことを思い知らされたのが、二〇一九年七月から始まった『週刊新潮』連載の松田美智子「飢餓俳優 菅原文太伝」である。松田はなんと、菅原文太に会ったことがないという。よくそれで書けるなあ。盲点だった。

実は私こそ、高倉健に会ったことがない。それでも『キネマ旬報』の依頼で、『居酒屋兆治』について書いた。タイトルは、「やさしくない奴なんてダメだ」。

健さんと会いたかった、会っても恥ずかしくない人間になろうとした。会うことのできる位置や場所に存在したいとも思った。だけど、結局、怠けていたわけでもないのに、一生懸命生きていたのに、それでも、むしろ一番遠いところで彼の死を知った。そしてそんな場所で、まさか、あいつを思い出すことになるとは思わなかった。

あいつというのは、実際には通っているとはいえないが、同じ予備校界隈を一緒に三年間ふらふらしていた同い年の男だ。あの日、二人は長い浪人生活に飽き飽きしていた。一緒に映画を観に行く。『居酒屋兆治』だ。その日からそいつも健さん病に罹った。帰りに『居酒屋兆治』の主題歌である『時代遅れの酒場』シングル盤と酒を買い込み、雪の中に隠していたビールを温めて朝まで泣いた。二人とも好きな女がいた。俺もお前も健さんよ。青春の真っ只中、凝縮された特殊な映画体験が雪解け水のように海に向かい、二人して大学には落ちた。

のち会うことなく時が過ぎた。ガソリンスタンドを皮切りに、ホテルマンとなり、広告会社に入り、結婚し子が生まれ、しかし借金が膨らみ、妻子に逃げられ、なお転職を繰り返している。そういう噂を耳にしていた。私の方もまた、駆け落ちし、転職を繰り返し、やっと物書きになっていた。

年の瀬だった。たまたま『ダンサー・イン・ザ・ダーク』だった。妻と二人で観に行った。有楽町マリオンで前から五番目の席に座る。前の四列はガラガラだ。一人、駆け込んで来た男がいた。四列目、つまり私の前に座る。「あれっ」「おい」「おう」。札幌で別れて以来一五年ぶりだった。仕事をさぼって観に来ていることは見え見えだった。営業か何かのサラリーマンだろう。しかしそれ以上に、映画が観たいのではなく、映画館に逃げ込みに来ていることもすぐに分かった。どうしているのだ、という話よりも前に、なぜか私は聞いてみたかった。「『鉄道員《ぽっぽや》』観たか」。それは高倉健の前年公開された、健さんファンでなくとも必見作品であった。ところがだ。こう答えた。

「いや……」

卑屈にも下品にも見える笑顔だった。

「そうか……」

私の方は無表情を装っていた。今のあいつの人生が、とても映画を観ることのできる状況じゃなかっただろうことがその冴えない笑いだけからも分かった。頬骨が揺れていた。目を見ようとしたがとても見ることができなかった。流行り病も現実の切実さには敵わないものなのか。そしてまた一四年が過ぎた。

健さんの追悼上映が始まった。映画を観る余裕のない現在の自分とあいつとがごっちゃになって、滂沱のごとく劇場内で涙が止まらない。

今の私も、あの時のあいつと変わらない生活をしている。丸の内、池袋、六本木。健さんの追悼上映を渡り歩きながら、今なお私は、幾人も出会ったあいつを探し続けている。このひとりぼっちの暗闇で。


菅原文太には会ったことがある。それでも文太の追悼記事は書きたくなかった。そう簡単な男ではないと思っているからだ。それは今でも変わらない。

一九七六年、俳優前野霜一郎が、児玉誉志夫邸にセスナ機で撃墜死する。この時、心に留まる言葉を発した映画人に、神代辰巳、長谷川和彦、そして菅原文太がいた。神代と長谷川は、前野と近い位置にいた。だが文太は、妙な立ち位置から気にかけ、その視点が虚をつくものであった。

〈時代に対する痛烈なる皮肉というか、かなり一矢じゃないんですか。（中略）世直しみたいなもの（中略）人間のもってる一種の正義感というか、純粋さというのは、いま一番忘れられてる部分だろうと〉（『ユリイカ』一九七六年六月号）

『仁義なき戦い』と同じく代表作であり、さらにヒットを飛ばしてより強いファン層を抱える作品が『トラック野郎』である。

松田美智子の本にも関係者が登場するが、文太の奥さんと、鈴木則文監督、およびその奥さん。あるいは、任侠関係者も多いトラック業界団体との微妙なやり取りは、正にインテリでもあり、役者業というヤクザなブルーカラーに身を投じた菅原文太の真骨頂を示すもので、そこを紐解いて、書籍で説明することなどは不可能に近い。

あるトラック野郎と文太との侠気溢れるエピソードを私は知っている。また一時、後楽園ホールに通った私は、わずかに触れあった文太を知っている。後楽園ホールでは、私は、原田芳雄とも会っている。他の場所では一回も会ったことがないのに、一ファン同士として十数分にわたって会話した想い出がある。

文太と心のやり取りをしていた時の彼は、一人のトラッカーであり、また私は一人のボクシングファンであった。文太は、アンドレ文太という米倉ジムのボクサーを後援していて、特にそのボクサーについて、普通のおっさんとして見ていた。

多くを知ると、そんなものは掻き消されるのかもしれないが、今のところの私にとっては一事が万事である。文太の評伝を書こうと。編集者に申し入れ承諾を得る。鈴木則文とは、偶然向こうから「会いたい」と申し入れがあり、奥さんともども新宿で会った。

脚本家の神波史男より、文太について少し情報を入れる。

「東映にやってきたときは、隅のほうでぶつくさいいながら、暗く台詞を覚えていて、真面目で、東映にはいないタイプだな、と好印象を持った」という。その後、『新・仁義なき戦い』のときに、白井佳夫編集長に呼ばれ、『キネマ旬報』でおっさん（深作欣二）と鼎談をしたのが、会って話をした最初だ、と。

「(二つ年上ではあるが) 言葉を選んでしゃべる男だなあ、という感じで、めったなことは口走らない、俳優らしくないという、最初に (撮影所で) 見た時の印象がさらに強まった」

そして、関西テレビの刑事物ドラマ「許せ妻たち」(一九九〇年) の時に、銀座の事務所に呼ばれ、そこでかなりディスカッションをした。最後に文太から高価なウイスキーをもらって帰ったとも。

「文太氏は常に何か物を考えている人間だと思う。絶対に理屈はある。難物だぞ」

そんなアドバイスを受けた。

神波史男が、菅原文太主演で書いた最初が『人斬り与太　狂犬三兄弟』であり、その後主演映画でいうと三本、さらにVシネマ一本だけである。

文太にとってのターニングポイントであり頂点は、明らかに一九七三年一月一三日公開の『仁義なき戦い』であるが、その背骨であり、土台であり、原石そのものは、前年に公開された『現代やくざ　人斬り与太』とその続編的作品、『人斬り与太　狂犬三兄弟』である。

『座頭市』の背骨が『不知火検校』であるごとく、『仁義なき戦い』の肝も『現代やくざ　人斬り与太』と『人斬り与太　狂犬三兄弟』であることには間違いない。

『人斬り与太　狂犬三兄弟』の方は、初めに石松愛弘が準備稿を書いてきた。

〈ただ、おとなしいんですよ。(中略) いままでの任俠映画を引きずっていて、主人公はやくざのくせにワルじゃなくて、(中略) 結局、主人公は良いことをしているわけですよ。〉(『映画監督深作欣二　深作欣二・山根貞男／ワイズ出版)

それで脚本を預からしてくれと、深作は一人、宿に籠っていた。そうしたらテレビから連日のニュースだ。連合赤軍による、あさま山荘での立て籠もり事件だ。

〈このタッチというか緊迫感だけは、持っていないと、約束に振り回されてるやくざ映画じゃどうしようもないなと思いだしたんです。あれは全部終わるまで三日か四日、一週間ぐらいかかったのかな。最初は仕事しなきゃあと思うんだけれど、どんどん時間がどんづまってくると、もう放ったらかし（笑）。（中略）とにかく見た映像だけでも、と思って書きだしたら、わりとすすっといっちゃったんです。〉（同）

石松愛弘には、私も神波史男より会わせてもらったことがある。しかし、下らないことで喧嘩して、それっきりになった。大切な関係者の一人ではある。そもそも私には評伝を書く資質に欠けていたのかもしれぬ。

一九七二年二月二八日に、立て籠もっていた五人が全員逮捕され、あさま山荘事件は終結したかに見えた。その直後に公開されたのが『純子引退記念映画　関東緋桜一家』である。これこそ藤純子の婚約発表以来、後の山口百恵の引退ロードの如き道筋が引かれ、東映任侠路線の大団円のような映画であり、まさに、一つの時代が終わったというものを感じさせた。

公開は三月一八日の東映まんがまつりの前日まで続くのだが、この公開時期には、もっと異常な、生温かい春風が吹いていていた。

まず三月七日に、二月に逮捕されていた連合赤軍の奥沢修一が、リンチ殺人を供述する。供述に基づき遺体の掘り起こしが始まり、三月一三日までに一二人全員の遺体が発掘される。三月一〇日から一四日までにメンバー全員が逮捕される。

一九六九年のシャロン・テート殺害事件のあと、マンソン一家の連続殺人の全貌が明らかになるまで数カ月を要するが、その薄気味悪さに似たような毒がまかれた状態となった日本。

北海道で生活していた私は、二月三日から一三日まで行われた札幌オリンピックの感動が、一気に掻き消された記憶を持っている。

私は一九六二年生まれだが、『仁義なき戦い』公開時に、父と観た帰りに、「面白くなかったなあ」と二人で語り合った。普通の小学四年生ではなかったのである。

どういうことかというと、幼稚園の頃から、父に連れられ、東映の二番館、地元の「真狩劇場」の映写機の横にある小窓から毎夜、同じ映画を何回も観ていた。そして小学に上がると、毎週日曜、父と二人、東映の新作映画を株主優待券で観るため、小樽の東映の映画館に通っていた。時に日活をはしごした。同じ世代でいうと明らかに、東映偏差値だけは異常に高かった。

父は元々日活の裕次郎ファンであったが、東映の任侠映画では何といっても鶴田浩二である。高倉健など歯牙にもかけない。だが、子どもの目から見ると、鶴田の世界の理解は難しい。高倉健の「とっぽい」コメディーアクションは見やすく、すぐにファンになる。なので、『仁義なき戦い』の、ヌーベルバーグかニューシネマ風なのか、父にとっても、私にとっても難解な映画に見えたのだ。その後、その他の四本は今でもそんなに面白いとは思わないがあの第一作の面白さが分かってきたのは五〇歳を過ぎてからだ。

菅原文太は遅咲きのスターである。文太より年下の石原裕次郎は、一九五六年の『太陽の季節』と『狂った果実』で一気にスター街道を駆け上がる。二歳半年上の高倉健は、一九六三年三月一六日公開『人生劇場　飛車角』で、鶴田浩二と共に東映任侠スターの二枚看板となる。スターの感触を味わうのは、同世代の二人、石原より一七年、高倉より一〇年遅れてのことなのである。

やっと這い上がって来たスターのキャラは、とてつもなくアナーキーでダークなヒーローであり、「スターなんぞ、今さらなんだ」というような雰囲気を漂わせていた。そんな成立の仕方のアンチヒーローが、「俳優に成りたくて成りました」というのであれば、ファンの夢を壊す。あるいは自身の説明としてカッコ悪い。どこで生きているのかも分からぬ「裏路地をほっつき歩く野良犬」が、実は恵まれた家族の待つ温かい家庭に帰ってます。なんてイメージは、見かけ倒しだ。当然「俳優に成りたくて成ったわけではない」というスタイルは必然のようなものだ。

だから、ずっと菅原文太は、「俳優には、たまたまなった」といい続けていた。他の評伝も皆、その言に沿って書いている。

三船敏郎の「そんな恥ずかしいセリフをいえるか」といって断ったオーディション伝説。高倉健のふらふらっと食堂で見つけられたエピソード。ドーランを塗られて情けなくなって泣いた話。石原裕次郎のあまりに破天荒な、スターらしさの欠片もない「規格外」の行動のあれこれ。それらと比較して、さらに壊れた、崩したヒーロー像を、年を取ってから「編み出し」やっとこさ勝ち取ったのが菅原文太だ。そのワルを演じるスターが、苦労の末の目標達成では、ダサすぎるではないか。最も素を見せない俳優であった。

他の俳優が実際、「なんとなく」俳優になったのとは逆に、対象として見据えて時間は掛かったが到達した位置、目標とは別のあくまでも通過点、その意味ではいつまでも続かぬ人気とブーム、また安住するにはそれほどに居心地のよくない「バカにお似合いのごとき」御輿の上を見切っていたのが菅原文太だった。だからこそ、さっさと下りたし、別のフィールドへの興味に向けて、一度就いたスターの座を利用していく。後年の多方面への広がりは、予定どおり、あるいは行くべくして行動した人生の道のりといえた。

銀幕に心奪われた者は、映画に対する期待を口にするが、期待の俳優だった息子、菅原加織の死がなくとも文太は、映画から離れ、あるいは超越して、農業や文化、震災復興、原発、沖縄、憲法に対し独自の表現を押し出していったはずだ。その原理が松田美智子の書『仁義なき戦い　菅原文太伝』（二〇二一年　新潮社）にはある。望むべくして望む生き方をした。

晩年の文太は、映画に限らず、共闘できる人間を見つけ、遺伝子を託す人間を探し、あるいは新しい力に期待していた。だからこそ、紐付きでなく、追悼でもなく、会うこともなく、やってのけた松田美智子を尊敬する。取材をすれば引きずり込まれ、当人や身内に都合のいい解釈や希望に沿う気持ちが生まれる。だが、作家は作家だ。評伝は結局、対象ではなく自分を書くことなり。ノンフィクションに向かう。それはすなわち裏社会の力学を、暴力の内実を、人間のグロテスクを切り削ぎにいく。死後五年という距離感を保ちながら同時進行で走っている快書であり、攻め込み、文太の暗部を辿り、そしてこう記している。

〈たまたまなどではない。文太は俳優になりたくてなったのである。〉

　私もそう思う。


　我が子に自死されたM兄という従兄がいる。ずっと仲良く私にとっては大きな支えの人だった。その子の誠実さは、M兄の生き写しのようでもあった。それが災いしたとは思いたくない。M兄ほどではないのに私もつらい。ずっと手紙を書こうとして書けなかった。一〇年も経ってやっと書いた。返事はない。そうさせるだけの力も強さも、そして誠実さもない手紙なのだ。

　私の文太への手紙は、もっと稚拙で無遠慮で、冴えないものだった。文太への謎は、書けない私の十字架だ。演技力というのは、そうでない人がそう見せるものをいうのではない。まして、そうでない人がそう見せているように見せるのが演技力でもない。そうでない者がそうである者のように見せているのに、そうである者がそう見せているように見せるのが演技力である。野良犬文太がそうである。

　それにしても不思議なのは、映画を離れ、これだけ多岐にわたって、ドキュメントとしての映像、あるいはラジオの対談、文字での対談が膨大に残され、研究対象の資料としても豊かで、溢れるほどの菅原文太がそこにあるのに、スクリーンの、しかも『仁義なき戦い』のラストシーン一発を、なぜ未だ凌ぐことができないのか。上書きできないのであろうか。そんな衝撃を目撃したという、敢えて皮肉を込めていうと、その幸せを後悔した。

スターの役割のひとつは、全てを手に入れたような者でさえ、うまく行かないという実例を見せる行為にほかならない。しかも意図してではなく、意図せざる、不本意な顚末として。

大きく生きる者は振り幅も大きく、小さく生きる者は振り幅も小さい。ただそれだけの事なのだが、大きな振り幅の場合は、親しい人間からの裏切りにさえ出くわす人生である。それ自身が栄光や財産に匹敵しているのかもしれない。

厄介事が山ほど残っとるがよう。

一つ気になることがある。私の評伝の取材を断って来たのが、文太本人ではなく、奥さんであった。なぜ当人が断ってこないのか。


石原裕次郎が太陽族ブームの中心としていち早く売れ、高倉健が後続する任俠ブームの渦中でスターとなる。一九七〇年に入ると、もはや、太陽族の青春も着流し任俠も廃れ、新しいスターが待望される。文太は偶然そこに嵌まったというよりも、自らの計算と本能が、やっと一致したといえる。

日本で外国スターがテレビのCMに登場して人気を集めるのは、まず一九七〇年「マンダム」で一世風靡したチャールズ・ブロンソン。肉体派の炭鉱夫出身だ。そして一九七一年夏レナウン「ダーバン」のアラン・ドロンである。二枚目でかつギャング映画で、文太の憧れのジャン・ギャバンを継承し、マフィアとの関係も噂される後ろ暗そうな面を持つ。さらに一九七二年ホンダ「エルシノア

CR250M」に乗るスティーブ・マックイーンがお茶の間の目を奪う。極貧の育ちでバイクやカーアクションに長ける。

アラン・ドロンは二歳下で、マックイーンは二歳半だけ上である。なのに、一九六〇年六月一一日日本公開『太陽がいっぱい』、一九六三年八月一〇日日本公開『大脱走』と、まだ文太がくすぶっている時期に、おそらく観客の一人として観ていたであろう。

これら奥深い背景の連中がスターであり、またアンチヒーローは、一九七二年二月一一日日本公開『フレンチ・コネクション』のジーン・ハックマン、一九七二年二月二六日日本公開『ダーティハリー』のクリント・イーストウッドと続々登場していて、一九七二年七月一五日には日本でも『ゴッドファーザー』が公開されるのである。文太の野良犬が一瞬世界を制するのは、時期的に、この時をおいてほかになかったのである。

自分の見せ方として、スターのあり方として、ファンへの期待の応え方として、「野良犬」というキャラクターを選択し、演じることは一つのあり方であろう。実際の文太がインテリで、俳優業を見据えていた人間であろうと、そのことを語ることはないはずだ。貧乏臭さとインテリ臭さは紙一重だ。見る者が見れば分かるが、「見る者」など、この世の中にはいつだって極少である。そこに留まったスターはいない。「見る者」なんぞの目に留まることをさっさと超えているのがスターだ。

傑作などいくつも生まれるはずはない。ヒット作にしても同様だ。さらに製作本数が減り、自らのブランドも枯れていく。出演本数自体が減っていく。そんなとき、本当は出たくて、やりたくて、欲しくてたまらないのに、「作品を選んでいる」とか「映画への興味を失った」とか「引退宣言」といって自らを納得させてしまえば、惨めさを見つめずに済む。ブランドも傷つかない。

菅原文太。決意したら強気で、躊躇したら弱気なのか。その判断も難しいし、判断したところで、それが何を語るわけでもない。しかし、どうもそういうことではない。さっさと降りた。もはや映画ではなかった。

周囲の彼も死に、彼女も亡くなり、誰のためとも、己のためでもなく、しかしもはや、未来の、あるいは亡くなった誰かのために、日々刻々を刻む。

そうなってしまう。

〈僕は健全な肉体を持った、ただの若造だった。そして、役に少しの深みを与えることができた。けど、それはまさに僕自身だったわけです。つまり、タフガイであることを演じただけ。〉(『THE YAKUZA MOVIE BOOK』)

不健康で不健全な、飢えた野良犬俳優というキャラクターは、『仁義なき戦い』という看板を背負った一つの物語でありスタイルだ。自らに課した演技といってよい。時として、親の死や伝説的武勇伝が上書きされる。

たとえば東映なら、鶴田浩二、高倉健、松方弘樹、梅宮辰夫、渡瀬恒彦、皆、その時代その時代の流れに乗ろうとして、ある意味、いつも少し形を変えながら存在を示した。だが菅原文太だけは、あの時だけだった。不思議だ。あの時の輝きがいつまでも続いて上書きすることができない。

「弾はまだ残っとるがよ」

スターというのは、美形であろうが崩れていようが、その顔がその時代の目標とされるようになるという理屈のことである。それが何によって構築されるのかはわからないが、ある時期からはそのスピードを誰も制御できない。もちろん永遠には続かない。ある日ある時に急速に廃れていく。それを知ってか、さっさと降りて、デヴィッド・ボウイのごとく七変化して見せたのが菅原文太だ。ある時はティン・マシーンに、ある時はデヴィッド・ジョーンズに、そしてまたある時はジギー・スターダストに。

あの当時の俳優で、成田三樹夫が菅原文太と入れ替わっていた場合もあるだろう。また似たような俳優で、時代が違ったために、いわゆる「文太」には成れなかった俳優に根津甚八がいる。そこに差はないし、巷に一生懸命に生きる地域の俳優か、家族内の俳優のような人間もいる。

かつて子ども二人と夫との四人暮らしで、幸せだったと語る、今は精神病院住まいの女性が、ETVドキュメント「精神科病棟×新型コロナ」でインタビューを受けていた。六二歳の彼女は三〇年前を振り返る。

「いい時もありましたよ、そりゃね。美味しくご飯作って食べさせたり、家族で、円満でご飯食べて美味しかったよ。あのね。『あなた』っていう歌があったでしょ。小坂明子。あの歌ね。よく歌ってたのよ、私。家族の温かさっていうかね。♪もしも私が家を建てたなら小さな家を建てたでしょう」

歌っていた。

かつてスターで今は落ちぶれた、あるいは下りたスターと、彼女とはどう違うのか。かつてのいい時、その人なりの「栄光」があれば、それで幸せではないのか。若くして夫が戦死して、再婚を勧められるも、想い出だけで一生を生きて、それで十分に幸せだったという人もいる。

菅原文太はさっさと下りた。本当に、意識的にスターの歓喜を味わったのは、一九七三年と一九七四年の二年間だけだったろう。高倉健ですら、いい加減飽き飽きしていたやくざ映画に、最後の一瞬だけ禁じ手のような裏技で、輝かせた文太。それがゆえに、初めから消えていく運命の徒花を続ける手などなかった。

文太が上りつめる以前に、一時代を長く続けた高倉健は、さらに、次の新しい時代を、熟年、老年の健さんブームを、また長く続けることに成功する。それが大変なことも知っているし、初めからそういうスターを目指さなかった文太。

ブルース・リーやジェームズ・ディーンのような、早世したスターの如きである。長く生きてなお、そうした輝きをもって死んでいった菅原文太はやはり非常に稀有なスターである。

不思議だ。

「高倉健がVシネマに出るかよ」という言葉がある。だが、たくさんのVシネマに平気で出た菅原文太。野良犬を地で行ったかのように、最後まで演じ切った。

スターだ。

【慟　哭（Vシネマに衝撃を与えた死）】

1992年	12月	7日	我王銀次	（俳優／33歳／白血病）
1993年	11月	17日	西村潔	（監督／61歳／自殺）
1997年	5月	9日	可愛かずみ	（俳優／32歳／自殺）
1999年	3月	27日	沖田浩之	（俳優／36歳／自殺）
2000年	3月	8日	橋場千晶	（脚本／48歳／クモ膜下出血）
	9月	29日	永沢慶樹	（脚本／34歳／自殺）
2001年	10月	12日	俊藤浩滋	（製作／84歳／肝不全）
	10月	24日	菅原加織	（俳優／31歳／鉄道事故）
2003年	3月	25日	古尾谷雅人	（俳優／45歳／自殺）
2004年	3月	23日	又野誠治	（俳優／43歳／自殺）
	6月	28日	野沢尚	（脚本／44歳／自殺）
2005年	2月	27日	那須博之	（監監督／53歳／肝臓ガン）
2006年	4月	1日	松本竜介	（俳優／49歳／脳幹出血）
	7月	10日	甲斐智枝美	（俳優／43歳／自殺）
	10月	1日	森安建雄	（監督／59歳／心不全）
2007年	4月	27日	加藤善博	（俳優／47歳／自殺）
2008年	2月	28日	原田昌樹	（監督／52歳／心不全）
2009年	6月	14日	長谷部安春	（監督／77歳／肺炎）
	7月	26日	山田辰夫	（俳優／53歳／胃ガン）
2010年	9月	22日	小池要之助	（監督／68歳／気管ガン）
	12月	24日	池田敏春	（監督／59歳／自殺）
2011年	4月	21日	田中好子	（俳優／55歳／乳ガン）
	12月	30日	田中眞澄	（評論／65歳／転倒事故）

2012年	1月	2日	真樹日佐夫	（Vシネマ製作／71歳／急性肺炎）
	3月	4日	神波史男	（脚本／78歳／多臓器不全）
	10月	17日	若松孝二	（監督／76歳／自動車事故）
2013年	10月	5日	桜塚やっくん	（俳優／33歳／自動車事故）
2014年	1月	23日	谷岡貞男	（父／78歳／腎不全）
	4月	4日	南木顕生	（脚本／49歳／急性大動脈解離）
	9月	7日	伊藤猛	（俳優／52歳／肝不全）
	11月	10日	高倉健	（俳優／83歳／悪性リンパ腫）
	11月	28日	菅原文太	（俳優／81歳／肝不全）
2016年	3月	22日	瀬尾みつる	（脚本／55歳／多臓器不全）
	9月	25日	石川雅也	（脚本／54歳／不明）
	12月	29日	根津甚八	（俳優／69歳／肺炎）
2017年	1月	21日	松方弘樹	（俳優／74歳／脳リンパ腫）
	3月	23日	持永昌也	（評論／55歳／多臓器不全）
	4月	9日	栗山雅俊	（哲学者／54歳／悪性リンパ腫）
2018年	5月	31日	葉山陽一郎	（脚本／52歳／不明）
	11月	30日	黒澤満	（製作／85歳／肺炎）
2019年	3月	1日	サトウムツオ	（評論／58歳／腎不全）
	3月	13日	吉田達	（製作／83歳）
	3月	17日	内田裕也	（俳優／79歳／肺炎）
	4月	24日	高瀬幸途	（編集者／71歳／大動脈解離）
	4月	30日	渡辺武	（監督／53歳／白血病）
	11月	1日	雁龍太郎	（俳優／55歳／心不全）

2020年	1月 21日	西部邁	（評論／78歳／自殺）
	3月 31日	佐々部清	（監督／62歳／心疾患）
	5月 23日	木村花	（プロレス／22歳／自殺）
	5月 25日	高瀬将嗣	（監督／63歳／胃ガン）
	7月 18日	三浦春馬	（俳優／30歳／自殺）
	8月 13日	桂千穂	（脚本／90歳／老衰）
	9月 14日	芦名星	（俳優／36歳／自殺）
	9月 20日	藤木孝	（俳優／80歳／自殺）
	9月 27日	竹内結子	（俳優／40歳／自殺）
2021年	1月 4日	ゆうき哲也	（Vシネマ製作／79歳／敗血症）
	8月 19日	千葉真一	（俳優／82歳／新型コロナ）
	9月 3日	澤井信一郎	（監督／83歳／多臓器不全）
2022年	3月 21日	青山真治	（監督／57歳／食道ガン）
	5月 30日	宮崎学	（作家／76歳／老衰）
	5月 3日	渡辺裕之	（俳優／66歳／自殺）
	5月 22日	石井隆	（監督／75歳／ガン）
	8月 20日	小林政広	（監督／68歳／大腸ガン）

エピローグ　友よ、さらば

ラスト・トレイン・ステーション

『この悔しさに生きてゆくべし　ぼうふら脚本家・神波史男』（責任編集荒井晴彦／映画芸術）には、松田優作から始まって一二人への、神波史男の追悼文が載っている。最後は、奥山耕平という弟子のシナリオライターへの追悼だ。そこに書かれていないことを少し書く。奥山は北海道苫小牧の男で、結局はシナリオライターとしては大成することなく、実家に帰ってもパチンコに浸り、送金頼むなどと、師の神波さんに懇願してきたり、精神的にも病んでいたようで、そのうちに亡くなった。

奥山はある時結婚をして、その妻の親から、彼の生活が理解できないといわれたという。つまり、シナリオ修業のためとはいえ、毎日のように映画を観て過ごし、本を読み、仕事をするわけではないように見える。だけど、書いても、書いてもそれが作品化されなければ、あるいは作品化されなくてもせめて収入として目に見える形でお金が入って来なければ、この男は、娘の夫は、いったい何をさぼって怠けて生きているのか、ということになる。

物書きも似たようなものだ。一般のサラリーマンなどから観ると、社会不適合者、あるいは半端な遊び人に見える。神波さんも「説明しても分からないだろう」といっていたし、実際我々の稼業は半端なことも確かだ、とは、さんざんあちこちに書き遺している。

　私もいつからか、人に会うのが嫌になった。会う人、会う人に同じことを聞かれる。

「今、何を書いているの？」「次の本は？」「いつ出るの？」

　今書いている、だけどまだ出ない。としか答えようがない。本が出ないことには、私という人間は存在証明すらできないのか。何故そんなことに苦しめられねばならぬのか。

　コンスタントに仕事をしているけれども、満足のいく作品とは思えない作家だっている。肩書など、どうでもいいともいえるのだが、作品のない作家は、穏やかな気持ちでいられるのかどうか。ずっと撮れない期間が長かった映画監督の石井聰亙は「苦しかった」と洩らしていた。存在証明できないことによることなのか。だが、証明したからって苦しそうだ。

　自分のことを説明できずに地団駄踏んでいる私がいる。

　桂千穂や神波さんに、私や南木の生きざまをどう申し開きをし、気取って、死んでいけばいいのだろうか。

〈もうひとつここでいって置きたいのは、戦後ぼくらの世代はあわれむべき戦争犠牲者だ、軍国主義にだまされ強制的におどされていた無知の世代だという評価に対してである。（中略）当時の大人たちはだらしなくて彼らには日本は救えない。自分たち若者が先頭にたってたたかわねば祖国は滅びるという痛切な認識から戦場におもむき、特攻隊として死んでいったのである。幼いにせよ、ぼくらは既に考える主体を持っていた。（中略）主体性が全くない、権力により強制された犠牲者としてのみ規定されることは、三島由紀夫やぼくたちの世代への侮蔑であり、ぼくたちの誇りが許さない。〉（『三島由紀夫伝説』奥野健男／新潮文庫）

南木も、私も、南木の死までの四半世紀Vシネマにただただ翻弄されて生きてきたわけではない。食い物にしてきた映画界を許してきたわけじゃない。

ここでまたお前のVシネマ逆襲説が飛び出すのかといわれそうだが、明らかに、コンテンツとして残っていた。だからこそ、このSNS時代に、復活した。数々の動画配信サービスで、忘れ去られていた作品群が、あるいは新しく発見されたVシネマの大群が、全く未知の若い世代からも、主婦からも、受け入れられている。

一九六〇年代中頃にテレビドラマの脚本家として活躍し、一九七〇年三月放送のNHKドラマに至るまで三八本を書いた名シナリオライターがいた。

その後は翻訳と大学教授とに専念し、脚本はぷっつりと辞めてしまった。山田太一がその謎について書いている。

〈どうしてさらりとドラマをやめてしまったのですか、と聞いたことがある。

「むなしさだよ。たちまち消えてしまうことに耐えられなかった」〉（『夕暮れの時間に』山田太一／河出文庫）

Vシネマこそがそう思われていた。だが、残っていたのだ。

倉本聰は、自身の集大成的な対談番組「みんな子どもだった」（ＢＳ―ＴＢＳ）を二〇一二年から始めて、二〇一五年三月二九日に終了した。第一回のゲストは山田太一で、最終回は自分自身だった。それまで倉本のアシスタントだったＴＢＳアナウンサーの長峰由紀が、聞き役に回る。その最後の最後が、以下のやり取りであった。

「何が楽しみで生きているか、何が生きがいで生きているかということをじっくりと考えると、長峰さんは何が楽しみで生きているんですか？」

「いいお芝居を見て、いいお話を聞いて、それを人に伝えて、何かプラスになってほしいと思う気持ちです」

その途中で倉本は、予想通りの言葉に、長峰の期待を裏切らないつまらなさに、少し笑ってしまい、しかし遮ることなく聞き続けた。

「あーはーはー。なるほど、そっかー」

「いや、いや、そっかーじゃなくて…。倉本さん、次回作は？」

「僕はもう、うつらうつらしているのが一番楽しみですね」

「そんなことをおっしゃらないでくださいよ。私の知る倉本さんは、エネルギッシュで、うつらうつらなんてそんな…」

「いや、うつらうつらですよ、うつらうつらの合間を縫って、残りのエネルギーを振るっているんですよ」

そう答えるのが精いっぱいのサービスであった。本当は、答えたくなどない。

映画『復讐するは我にあり』などの脚本家・馬場当の『映画芸術』追悼号に、弟子だった我妻正義はこう書いている。

〈馬場さんのところには足掛け一〇年いた。歴代助手の最長不倒記録、青春のほとんどだ。雨の中を歩きながら、ふいに馬場さんの言葉がよみがえる。

「我妻。シナリオ書いていって、その向こうに何があると思う?……何もない。何もないんだ。虚しいだけだ。」〉

だけど、我妻さん。そうじゃないだろう。警備をやりながら、国や要人を守るのではなく、「まだ弾は残っているがよ」と、道具を磨いているのではないか。


芸人を目指す若手の新人が、萩本欽一に「どうやったら芸が上手くなるか」と尋ねたところ、こう答えたという。

「芸を磨くことよりも、まず人に好かれることだよ。人に恵まれなければ仕事は来ない。仕事が来ることが芸を磨く」

かつて萩本がこう語るのをテレビで見ていた時に、全くその通りだと思っていた私がいた。大島渚が、師匠の映画監督・大庭秀雄に、ある先輩助監督について質問した。彼はいい映画監督になれるのかと。そうしたら、「家に上がるのに、靴も揃えられない男が、立派なはずがなかろう」といったという。つまり、作品の良さ以前に、振る舞いだ、と。それもまあ、そうだろうと思う。それでもだ。若いうちは可能性として、この孤独に押しつぶされかねないから、好かれることも、靴を揃えることも大切だ。だけど私はもう靴も揃えたくないし、好かれたくすらない。

書くということが、かなり毒を含んだものであることに自覚的であると、下手に好かれようとすると、余計な毒を自家培養してしまうことになる。時間は金で買えるのだが、金は解毒としての時間を買うことができない。買えない。おそらく毒ごと買わされる。そんな時間が、書こうと書くまいと、私には憑きまとっている。何十年後かに死ぬのと今日死ぬのと、変わらない一面がある。友を待つという点で。

だけど、まだ諦めていない私がいる。まだ書き足りていない。

父の葬儀には出なかった。そんな奴はおかしい。お前は変だ。谷岡は人間としてどうかしている。行為自体が信じられない。いろんなことをいう人がいる。妻の父にも怒られた。その死に際すら行かなかった。だけど、私に面と向かってそういえる人はいないと思う。いや、いない。

なぜなら、私は恥じてなどもちろんいないし、父がそういう私を認めてもいるであろうことはもちろん、逆に誇りにしているとはいわないまでも、とにかくなんとも思っていないことは分かるからだ。福沢諭吉が、殿様の名を書いた紙を踏んづけたり神様のお札で尻を拭いたりするような、そういう権威の梯子落としというか、常識嫌いなところが父にはあった。そんな父をそのまま受け継いでいるとはいわないまでも、結婚式も挙げず、指輪も買わず（その他は書くことの憚られる内容ばかりなので割愛するが）あれもこれも道に外れた私を「俺の子だからしょうがないか」と思っていたはずの父が、分からないはずはないのだ。

生前「御守りで尻を拭くほうがかえってご利益があるんだ」と嘯《うそぶ》いていた父。「だから福沢諭吉は偉くなったんだろう」とも。実は父は、偉い人を尊敬などしていない。そして、偉ぶる人がとにかく嫌いだった。迷信や占い、超常現象、宗教的なものも嫌いで、特に儀式というものが大嫌いな父だった。

よく聞き、目にする言葉がある。

「絶対的理解者を一人見つけたなら、人生は上々だ」というものだ。三代目山口組組長が、「自分に命を掛けてくれる子分が三人いれば日本一の親分に成れる」といったように、多くの芸能界のスターは、最大の理解者で、のちに「名マネージャー」といわれる狂人によって誕生する。ただし、その理解者とは、谷町や最大のファンということとは違う。支えのようなものだ。骨格の中の骨髄である。知識や学習や分析ではなく、洞察力だ。スターにも親分にもなってはいないが、私にとってのそれは父だった。

父の死に際して、私は何もしなかった。それらの面倒を全部母と弟に押し付け、一周忌はもちろん未だ北海道に帰らず現在に至っている。本来やってはいけないことらしいのだが、喪主となるはずの人間、つまり私の弔辞を読んでもらった。

〈在りし日の父の姿を偲び、謹んで哀悼の意を表します。ギャンブル好きで映画も好きな父だった。そして特に高校野球とオリンピックをしっかり愛していた。その影響を最も受けたのが長男である私でした。

競馬場と映画館で人生模様を教えてもらった。足の障がいもあり、長男、つまり私にも苦労させられたと思います。しかし最後まで好奇心のまま楽しんで生きた人生だったと想像します。亡くなったその日、駒大苫小牧高校で活躍した田中将大投手が、アメリカ野球ニューヨーク・ヤンキースへの入団を発表しました。父と二人それぞれの旅立ちだったように感じられました。世間から見るとおかしな父と子だったと思います。亡くなる直前まで友達のようにつき合う関係でした。

二〇一四年一月二三日　長男谷岡雅樹〉

有名でも何でもない人間だった。

やろうと思う奴とやる奴との間には川が流れている。この本は、その濁流を掻き分けて、泳ぎ切るものだ。橋は掛けない。ロープも掛けない。読んでくれたなら、たどり着けるかもしれないし、流れに呑まれるかもしれない。

死の三カ月前に、父は珍しく電話を寄こした。

「お前いくつになった?」

「五一歳だ」

「なにぃ?」

「なんで驚くんだよ」

「そんなに年取ったのかと思ってよ」

「周りの奴も年取っているだろ。オレだけ若いはずないだろ」

「そうか、そりゃそうだ。それにしても、そんな年になったのか」

「バカじゃないのか。自分の年齢はいくつだよ」

「そうか。オレもいいとしだもんなあ」

「そういうことだよ」

だが、私は、そんなに「いいとし」ではない。

たとえそうだとしても。

ラスト・ソウル〜無理なこと

生前の父はいっていた。

「お前の書くものは面白くない。もっとやさしく誰にでも分かるものを書けないのか」

私は誰に対して読んでもらおうと書いているのか。本当に読んでもらいたい人間に対して書くのが、物書きではないのか。

私が今死んだとして、幸せか。そうは思わない。やり残していることがまだある。達成感がない。読ませる言葉を書いていないのだ。死と引き換えにするほどの作品などあるのかと問われると、あるのではないかと想像する。幾人かは、そのことで満足して死んでいる者もいるに違いないと。たとえ雑誌に「追悼」などと取り上げられなくとも、同窓会の「そういえば」などと持ち出される話題で取り上げられて、あれこれといわれるのも、今死んでのそれは、嫌なのだ。

森安建雄の場合はどうか。

『ポップコーンLOVE』と『ザ・採用マン』の二本のVシネマを監督した男という紹介になるだろう。私なら嫌だ。

彼は作家だったのだろうかという疑問がある。作家でなくとももちろんいい。作家とは作品を残す者のことである。物書きの場合は、それは書籍。書籍こそが作品だと、今この時代生きている私に関してなら思う。新聞や雑誌への寄稿、SNSでの投稿もまた作品かもしれぬ。だがオープン戦や練習試合のように感じられる。そこでいくら球速一六〇キロを出して対戦相手をなぎ倒しても、ブルペンエースとか、稽古場横綱、スパーリングチャンピオン、ネット弁慶、口だけ番長のような満足しか得られない。

作家は作品が勝負であり、勝負の作品がないということが致命的ですらある。サラリーマンは、家族の中で有名人であれば十分だが、作家はそれでは何の存在価値も無きが如くだ。

では、森安建雄はどうなのか。もし、「あの人はあれで十分に幸せだったのよ」という人たちの言葉に掻き消されて、あの世で頷いているのなら、彼は作家ではなかったのではないか。

『セーラー服と機関銃』に制作進行で参加した、森安と同じ今村プロのスタッフとして働いていた細野辰興は、森安よりも早く監督に昇進した。彼が、『シャブ極道』の監督だといわれずに、『セーラー服と機関銃』の制作進行だと紹介されるのがおかしいように、森安だって『セーラー服と機関銃』のチーフ助監督だなんて紹介のされ方はおかしい。

二〇二〇年一二月川崎。細野辰興に会って来た。

彼もまた、周囲の親しい人たちの「森安は幸せだった」という言葉に、作家としての矜持が別にあるはずではなかったのかと、自身を含めて問うていた。

助監督として生きたことで十分に幸せだったという見方は、連載記事だけで終わったライター稼業の「作家未満」の幸せをいわれているようで、私なら嫌だ。私のこだわりが特殊なのかもしれない。だが、映画の世界に殺され、追い詰められたという考え方を受け入れまいとする側があまりに多く存在してはいまいか。追い込む要因を解決しないで、どうやって良い人材を集められるのか。人の心を傷つける親分や巨匠を放置したまま、それを容認する奴隷どもと仲良くやりながら、いったい何が創作なものか。

良いドキュメントやノンフィクションは、取材対象が気持ちの良いものにはならない。傷口を開かれたり、忘れていた不快な記憶を呼び起こされたり、トラウマを発症させたりする。

ときどき文章を書かなければ、私の場合は崩壊する。巨人といえるほどの立派な作家であっても、巷のどうでもいい人の心ない言葉によって、傷つくことはある。うつ病にもなる。思いの強さが、文章を書かせる。どれだけ、彼や彼女に訴えたいか。

「家族の中で有名であれば幸せだ」というのであれば、たいていの者はそうだろう。その人間そのものが、作品以上の存在であるからだ。だが作家はそうでない。いや私は少なくともそうではない。創作の中にこそ「私がいる」としかいいようがなく、私という人間自体と付き合いたいだけだという人は、ある時期以降は、どこか、徹底的に演じた人間として付き合うことにしている。作品とは無縁の、作者という名の「人間」を上っ面で知りたいだけの「生きたふり」人生である。作家の生はそこにはない。

二〇二一年六月所沢。森安建雄の友だちだった、作家・田下啓子に会いに行ってきた。森安に導かれるが如く、私財を投じて映画を製作し、二〇二一年以降ずっと各地で公開中だ。

森安を特集した雑誌『映画芸術』に載っていた写真を見て、彼女は驚く。そこに映っている彼の顔は、田下と共に楽しくバンドをやっていた頃とはあまりにも別人の顔であった。つまり、かつての陽気さと快活さの消えた「田下の知らない」顔であった。

森安の中に何があったのか、森安が本当は何をしたかったのか。それは今後、考えてみたい、と俯き、うな垂れていた。

彼女自身は、国際的なピアニストを目指すよう三歳から英才教育をされて、漫画を読むことの禁止など、それだけでは良いことなのかどうか分からぬ教育環境の中で育った。国立音楽大学に進み、籠の中の鳥だった彼女に「悪い遊び」というか「世の中の不条理と面白さ」「人間社会の汚辱と歓喜」を教えたのが、森安であった。森安と出会うことで、社会を知り、世界が開けたのだ。その森安が、雑誌の写真の中で、惨めで力なく酷い顔をしている。

森安こそが、似たような、彼女と相通じるだけの教育環境で育っていた。立派な父、翻訳家の母。エリートコースで多種多芸の人気者。これが映画界という魑魅魍魎・有象無象のヤクザな匂いが残っていた最後の時代に遭遇して、翻弄されまいと必死に闘って死んでいった。こう書くと妙な美化にも聞こえるが、大きくいえばそうだ。そこには、今村昌平がいて、長谷川和彦がいて、相米慎二がいて、そして細野辰興がいた。世の中は広い。

ラスト・ピッチング

Vシネマのスター曽根英樹（現・曽根悠多）のインタビューをしたことがある。父親は、千葉真一と同時主役デビューした東映のニューフェース俳優曽根晴美だ。というよりも、大阪商業出身の元プロ野球選手。東映フライヤーズの投手であった。

父の遺伝子を継いで、やはりピッチャーだった曽根英樹。だが、地元の福井県で「炎のチーム」といわれる当時の絶対名門・福井商業には行かなかった。

中学三年の夏が終わり、福井県の有力校の全部の監督が押しかけてきて「ウチに来てくれ。ウチに来てくれ」といわれる。もちろん福井商業もやって来た。そこで曽根は、指導方針や環境、条件を聞く。その時、甲子園常連の福井商業よりも、「まだ一度も甲子園に出てはいないけれども、曽根君でどうしても出場したいんだ」という高校があった。

足羽高校だ。

「どうせならそういう熱意のあるところがいい」

甲子園に一度も出ていない無名の高校で、決勝まで勝ち進む。だが当然の如くに福井商業と当たる。曽根の率いる足羽高校は、エラーが一試合平均九個であった。敗れる。

その試合をプロ野球の一二球団中一〇球団くらい見に来ていたという。曽根を見るためだ。一四五キロぐらい投げていた。ノーヒットノーランも記録した。三振記録など、県記録が未だ抜かれていないともう。私は調べてはいない。だが、語りは事実だ。

〈「福商に行っていたら全部甲子園に出てたはずです。うぬぼれではなく、一〇〇パーセントそう思ってます」〉（『トラックキング』曽根英樹インタビュー／谷岡雅樹／編集太田ノブ）

人生とは分からないものだ。そこで甲子園のヒーローとなり、またプロ野球に行っていたなら、その甘いマスクといい、大変な人気になった上、プロ野球の歴史をも変えていたかもしれない。だが、自分の実力を「大学四年までなら通用するがその先はないな」と見切っていたという。それを痛感する出来事が起こる。

伊良部である。ヤンキースで日本人初のワールドシリーズチャンピオンリングを獲得するあの伊良部秀輝だ。伊良部と曽根とは同期であった。甲子園で大活躍した伊良部。二人は社会人野球のチームを目指し受けに行く。そこで、その差を目の当たりにする。

曽根は手が小さかった。V9時代の巨人のエース、堀内恒夫も手が小さかったし、フォークを投げると手が痛くて顔をしかめるので投げるのが嫌だったという。のちの巨人のエース江川卓もそうであった。

〈「だけど、投手としてのタイプが違うんです。僕はバネを使って投げるタイプで、堀内さんとか江川さんとかは、身体に備わっている力で投げ切るタイプで、スタートからして違うんです。握力は、右が七五キロ、左が四三キロでした。背筋で二二〇キロありました。だけど、バネで投げるタイプは手が長くなくちゃダメで、理屈でも適してはいなかったんですけど、それよりも野球に対する「熱」をどこか失っていましたね。ソフトバンクの和田君（和田毅）みたいに自分の投球を研究してというタイプならば、可能性はあったかもしれませんけど」〉（同）

つまりは、化け物を見たのである。その化け物さえ、のちに自殺した。

才能の世界で生きる各ジャンルには、才能のなさに気づいて「早く」やめたほうが良いというベテランの先達もいる。一方で、成功の唯一の方法は、「やり続けることだ」という人もいる。

田下啓子は、かつて高村智恵子の本『原色の女』（彩流社）を著しているが、一念発起して二五年ぶりに宮沢賢治の書籍を出した。その原動力となったのが、「尼崎殺人死体遺棄事件」であった。首謀者の角田美代子は、別の意味での化け物であった。

ピアニストを目指し無菌室で育った「籠の中の鳥」田下にとって、この事件については、触れることのできない恐怖があった。

〈もう削除してしまいましたが、一週間前おきた質問に関する一件で、ちょっと私はがっくりしてしまい、以来なかなか言葉が下りてきません。このブログではずーっと、私たちの深層心理を解き明かし、私たちが捉われている「通俗的な想念」や常識や、人間社会が作りだした秩序のための規範などの「既成観念」に拘泥、呪縛されることなく、自分本来にある感覚、感性、直感をフルに働かせ、決して自分を裁いたり、責任を追及したり、罪悪感などで自分をがんじがらめにせず、自分の生命力がはつらつと自由に、愉快に快適になるように自分を解放し、自分の人生は自分で創造的につくりだしてゆくものだ、ともう八年近くも書いているのに……〉

田下啓子は、森安に何があったのかを知りたいといった。

森安の監督した二本のVシネマは、今観ることができるのか、と問うてきた。だが、私でも今、辿ることはできない。そして、それを彼女に観てほしいとも思わないのだ。

プロ野球のペナントレースをシーズン初めからずっと見てきた人間と、優勝決定試合だけを見た人間とでは、その感動はまるで違う。後者の人間の心には物語がない。

会う人会う人に、もう三〇年以上ずっといわれ続けてきた。

「最近、面白いVシネマはあるの。あったら教えてよ」

「一番面白いVシネマは何？　お勧めの一本を教えてよ」

私がVシネマの専門家だからだ。

だが一本だけ観ても、それがどんなに傑作でも、優勝決定試合であっても、面白くないのだ。それは。

父が私の本を読んでいたのはなぜか。それは、私が幸せだったのかどうかを読もうとしていたのだ。

それを知るのは、その時隣にいた人間でしかない。父は生前最後の十数年間で、私とは一度しか会っていない。それは叶わぬ夢である。それでも、もし知りたければ、本を読むことからぐらいしか、父には手だてがなかった。

田下啓子がVシネマを観たがったのもまた、そうである。森安は本当には幸せだったのか。だが他人の幸せは、測ることができない。自分の幸せさえ、分からない。

ラスト・ネクストドア

測定値には、浮遊粉塵量や二酸化炭素の含有量のような「平均値」とホルムアルデヒドの量や気流などの「瞬間値」という二つの数値がある。幸せは、平均値なのか、瞬間値なのか。ビートたけしが、かなり売れてから、こんな発言をしていた。

「年を取って名声もお金も獲得してからモテたところで面白くないよ。名前もなくて金もなく、若くてガツガツしていたあの時にこそ、モテたかった」

その人がどれだけ森安を想い、どれだけ森安のことを摑まえることができていたのかは問題ではない。その時そこに、森安の隣にいたことが重い。その時その隣に、その人がいたという事実。その人間がどれほどのものであれ、そこには実体がある。

結局、たった今、隣にいる、その時の誰かをしか愛することはできない。

Vシネマの中に、それは果たして映っているのであろうか。


この本をあなたが読まれている今、私がこの世にいることの方が少ないであろう。だが死んでいても、記憶の中には実体がある。

ここまで読んでくれた人がいたなら、私はあなたの隣にいたい。

それが無理なことだと分かっていても。


言葉は届かない。

お前に俺の声は届かないのか！　そう歯噛みしたことが何度もある。

ある編集者にこの原稿を見せた。登場人物について知らない名前も多く、興味を持てない、という。じゃあ、何に興味を持って生きているのか。お前は何を読んでいるのだ。人の名前なんてどうでも良いんだ。どう生きるかについてしか書いていない。

夢の工場

二〇二二年五月二二日に、映画監督の石井隆が死んだ。六月になって公表された。石井のファンは多い。競ってもしょうがないが、その劇画での発見の早さと、入れ込み方では、日本でも指折りのつもりだ。誰も持っていないような石井の珍品も持っている。

石井隆は、Vシネマにやって来た。やって来る監督とやって来ない監督がいる。石井隆はやって来た。その時に会った。日活「Vフィーチャー」コンベンションだ。私が尖がっていたせいもあり、実は主演の根津甚八を含めて、険悪なムードになり、石井と喧嘩した。それっきりだったのだが、石井映画についての批評も書いたのは、かろうじて遺作についてだった。いつか会うつもりではいた。私だけでなく、誰よりも「自分が一番わかっていた」などという思いは、多くの者の持つ錯覚であり、その人固有の真実でもあろう。

石井隆の訃報が流れた同じ日に、別の訃報が飛び込んできた。声優の竹内幸輔が一週間前の六月八日に亡くなっていたという。四五歳だ。竹内は二〇一三年に亡くなった桜塚やっくんとお笑いコンビ・あばれヌンチャクを組んでいた。

そして、返す返すも小平裕だ。東映プログラムピクチャーの貴重な要の一人であったが、組合闘争と根っからの反骨心が災いし、生涯で一四本の監督作品で終わってしまった不遇の映画作家だったといえる。最後の三本は、まぎれもなくVシネマであった。

誰が誰の追悼を書いても構わない。だけど、小平裕は、どう考えても私だろうと自負する。死までの最後の一〇数年間は、私が一番付き合いが深かったと思っている。誰よりも飲んで悩みを語り、助けてもらった。何誌か追悼記事を見た。別人の、私の旧知の話ばかりが載っていた。違うだろうよ。当たり障りのないつまらない記事。古い話を持ち出して、懐かしがってる風の締め括りの言葉。だせえよ。書けなかった私にいっている。誰が書いても良いのだけれど、でも、何かが違う。やっぱり違うのだ。

物書きでは食べられなくなり、別の仕事に就いた私は、毎度小平裕に相談していた。最大の友人というとオコガマシイが、最も頼りにしている親のような人であった。小平さんに新しい職場の状況を、悩みを、会って話す。会社で隣にいる若い男から、バカにされ、ひどい扱いを受けている。

「そいつが谷岡ちゃんのことを分かるには、今日明日では無理だぞ」

「どのくらい掛かるんですかね」

「一〇年は掛かるよ」

「一〇年後には、この現場にどっちもいないから無理じゃないですか」

「そういうことだ」

私が消えた後に私について初めて分かる。いや、分かるわけでもなく、少々まともな誤解をするだけであろう。

「谷岡ちゃん、ペンに訴えるのは良いけど、怒りにまかせて熱がこもり過ぎると、その内容がいかに正鵠を射ていたとしても、読者はその熱に拒絶反応を示し、正確に伝わらないことがある。釈迦に説法だけれども、そのことは肝に銘じといた方がいい。あなたの場合は特にそうだ。いったん冷やしてから書くのも手だよ。とはいえ、冷えてしまうと、勢いも無くなるし、何より書く動機自体が薄れていく。本当の動機は綺麗事では済まないものだからなァ」

『夢工場』という漫画がある。小平裕もいた東映の大泉撮影所の話だ。『釣りバカ日誌』でお馴染みのやまさき十三の自伝的漫画だ。実は小平と同僚であった。

小平裕は、新宿高校ののち、東京大学文学部美学美術史学科を卒業し、東映「定期大卒」第一一期（一九六二年）入社で芸術職採用。当時事務職と芸術職は試験の内容も違っていた。

これとは別に一時期、臨時スタッフが雇われた。一九六五年七月一日撮影所から一六〇名ものスタッフを何もないボロ建物に配置転換し東映制作所を作る。以後そこでテレビ等が作られ人員が足らず臨時スタッフを雇う。その中に山崎（やまさき十三）もいた。彼らは会社との合理化闘争との狭間でバイト等もやり、山崎は退社後に劇画の原作を始める。作品は『アイドール』『夢工場』など。のちに『釣りバカ日誌』は大ヒットとなる。山崎ら臨時スタッフは、労働組合「東映制作所労働組合」（通称「東制労」）を結成し、長期間に渡る、いわゆる東制労闘争を展開する。山崎は委員長となり団体交渉などで、監督昇進が御破算となる。

小平ら撮影所の社員もまた支援闘争を展開した。東映労働組合自体が、山崎らよりずっと前から闘っており、東映本社前での道路を封鎖してのジグザグデモ、相次ぐストライキ、岡田社長宅へのデモ等を行っていた。

『夢工場』での岡田茂（東映社長）退陣要求の場面は、年月を変えて書かれていて、彼の助監督経験をヒントに、制作所を取り巻く東映資本の悪辣さをストーリー化したのではなく、青春物語として描かれていて、作品として優れている。

山崎は七二歳にして初監督作品『あさひるばん』を撮る。松竹でのホンペンだ。小平は腹が立つ。このどうしようもない作品を観て、ダルトン・トランボが七〇歳にして初監督作品『ジョニーは戦場へ行った』を撮った、その爪の垢でも煎じて飲め、と。

私もこの『あるひるばん』を観た。漫画『夢工場』は私にとって青春の忘れ物であり、残された宿題のような鈍い輝きを放っていた。だからその『夢工場』をこそ映画化すべきと思っていた。それゆえ私の失望の大きさは、小平さんどころではなかった。まさにひどいのだ。しかも東映ではなく、『釣りバカ日誌』の松竹での作品だ。『釣りバカ日誌』の主人公役・西田敏行まで友情出演以上の何物でもない出演をしていて、名優たちが、これでもかと情けない腰かけ的な演技をしている。だが、撮影所は皮肉にも、松竹大船が消えた今、助監督時代の古巣「東映大泉」だという複雑な復帰の仕方をしている。

小平裕は、山崎とは全く肌が合わない、という。

「谷岡ちゃんの内部の敵との闘いは人間の内部に巣くういわば見える様で見えない難しい闘いだね」

私もまた、迷っている。山崎は、自らの漫画で予言し、その可能性を危惧していた恐怖の未来に、全くその通りの結果となってしまった。つまり一番ダメな部類のつまらない奴に。だけど、そのホンペンを撮れずに、最後まで足掻いていた小平裕をずっと見ていた。結局、死んでまでも、不遇な取り上げられ方しかしていない。神波史男に始まって、南木顕生、吉田達、小平裕とほとんどまともに追悼もされずに無念の連鎖が続く。負け続けているみたいだ。情けなさの連鎖。照れ笑いの連鎖。なんだよ、これは。

Vシネマの一分《いちぶん》

表現行為は、弱い者、恵まれない者のためにあると思っている。絵画にしても、映画にしても、政治にしても。もちろん万人に喜ばれ、楽しまれる表現を否定するものではない。エンタメはいつの時代もある。しかし私は、表現が本気で弱者や恵まれない者のために行うものなら、恵まれている者にとっては、耳の痛いものになるはずで、今でもずっと同じことを考えているが、より「表現」するほどに、ある種の人たちに対しては不愉快なものになるはずだ、と思っている。そう確信し、自らも覚悟してやって来た。

強い者に諂《へつら》うことなく弱い者の味方をすると、政府や幕府などの「体制」に敵対する者との烙印を押されるのは、歴史が語っている。同調者すら試される。基本的には、愛されない物書きの方が信用できる。彼らは、ざまあみろ、と思ってやっているわけではない。愛などではない。切実な人間の切実さに応えているだけだ。

大抵の会社は、鬱などではないと公言するようなおめでたい人間を重用し、鬱の者は、面倒臭いので、なるべく関わらないようにする。つまりは可能性を潰される。体制とはそういうものだ。皆、体制側に付きたい。楽であるし、何しろ弱い者いじめの口実すら揃っている。これは、例え話として書いているので、いちいち具体例として、この場合は当て嵌まらないではないか、といわれると、「当て嵌まる」ということが、鬱にならない人向けの言い訳で、それこそが本当は特殊な例のはずなのだ。


二〇二二年五月三日、渡辺裕之が死んだ。自殺だという。

世間的には、全くそう思われていないが、渡辺は「Vシネマの人」でもあった。八面六臂の活躍といっても良い。当初、私が命名し世間にも流布した「Vシネ四天王」の一人である。あとの三人は、Vシネマの二大帝王哀川翔と竹内力、そして二〇二二年七月の参議院選挙に立候補し、当選した中条きよしである。哀川翔、竹内力、中条きよしの三人は、主軸を早くにVシネマから他へと移動させているが、渡辺裕之は実際のところ、Vシネマに途切れることなく出続けていた。最後の現場も、死の一週間前のVシネマ『日本統一』シリーズであった。

Vシネマ俳優には、実は何かで躓いて、活路をVシネマに求めやって来た人が多い。

渡辺裕之は、Vシネ四天王の活躍から、Vシネマはもちろん、映画やテレビでも常に第一線を退くことはなかったように見えたが、活躍云々の問題で測ってみてもしょうがないのだろう。

「自殺はダメだ、よくない」という。だが、死んだ人間に届かない以上、その言葉は、生きている人間に対して吐いている。語っている。また示している言葉である。ただし、それは、遺族の耳にも届く言葉である。

私は意味がないと思う。大きなお世話だ。遺族は、自殺した人間の一部を有している。一緒に一部自殺している。そこに対する批判を含んでいるのだから、それなりの根拠を示すべきだろう。自殺は遺族を苦しめるからダメだ、などという言葉は、遺族自身の有する言葉であり、お前即ち「自殺ダメ」の発言者にいわれたくないというのが本音のはずだ。

遺された者が辛いのは、死んだ人間から迷惑を受けるからではない。自分の一部も共に死んでいるから辛いのだ。

「死ぬのはダメだ」という意見を吐くのは、ほとんどの場合において遺族ではない。自身をダメだ、などと、敢えて人にいう必要もないからだ。「自殺はダメだ」という言葉は、遺族に対してダメ出ししている言葉であり、しかも反撃しようのない相手の立場に向かって吐く卑劣な言葉であるともいえる。

魂の殺人といわれるレイプによって、「殺されたもう一人の自分」がいるという。同時に死んでいるのだ。ともに死んだ者に向かって、「自殺はいけない」などという思慮の浅い言葉を吐く行為は、自分がその言葉に酔いたいのかとすら思う。同時に死んでいる者に向かって、そんなことしかいえないのか。

自殺者は、自殺という絶対的な行為に向かって走っているわけではない。生きるか死ぬかが、白か黒かという二者択一ではなく、生の中を揺れているうちに死んでしまう場合も多い。やはり、周りが殺していることに少しは気づけよ、と思う。勝手に一人で死んでいるわけではない。一人で生まれて、誰と接することなく、一人で死んでいったのなら、それはそれで、言葉の挟みようがない。だが、そんな奴はいない。

人は、生かされもするし、また殺されもする。

人の死に対しては、「黙っていろ」という意見がある。

それは多くの場合、別の意見を浮き立たせるための策略だ。少なくとも私は黙らない。

Vシネマ評論家に生きた人間のせめてもの一分《いちぶん》が、この書である。

あとがき

本書は、映画に狂い、映画に人生を決め打ちした突破者たちへのレクイエムだ。

危険でクレイジーで哀しく、だけどそこから漏れ出る、突き抜けた偏愛と清新さが、いつまでも心に残る。人を好きになるのは、欠点を好きになることだから。

実は、本格的なVシネマの本を著すのは二〇年ぶりである。そして実のところ三作目であり、すなわち三部作の最終作、完結編である。

この本を読むのを最も楽しみにしていた男は、映画監督の小平裕だった。だけど書いている途中に亡くなる。ほかにも多くの親しい友が、この数年で鬼籍に入った。届けられずに亡くなった者たちにお礼を言いたい。

世話になった。迷惑をかけた。お返しもできなかった。お礼というよりも詫び状だ。すまない。全てのVシネマ関係者にもお礼をいう。

心より感謝します。

志半ばで亡くなった者に引退試合はないのか。不完全な燃焼のまま燻り続ける亡霊が人魂《ひとだま》なのか。

骨は遺族のもとに収まる。だが、人魂は私が拾う。そのつもりで書いてきた。

そして、原稿をまとめてくれた廣嶋武人氏に感謝します。

著者がいうのもどうかしているが、よくぞこの本を出してくれました。他の出版社で頓挫していた原稿だった。引き上げて、宙に浮いていた。拾う神がいた。

廣嶋氏が語る。

「売れる、売れないはともかく、出さなきゃいけない感じがした」

故人が背中を押したのか。

終わりなき弾痕。


Vシネマではときどき、販売本数は少数でも、レンタルビデオ店では異常な回転数（貸出し回数）を示し、お店を爆発的に儲けさせる作品というものが現れる。メーカーにとっての売り上げは、他の作品と変わりないか、むしろ低い。お客さんのなかで熱狂的に迎え入れられ、喜ばれ、末端のお店がもろに荒稼ぎする。バイオレンスは場末で炸裂する。

大文字の映画史からは漏れても、エロとギャンブルとネオ任俠の三大エンタメは、各地域のバニシングポイントで燃えていたのである。大企業の内部留保を増やしたといわれるアベノミクスと違って、Vシネマは外部で荒れ狂った。

もちろん出版社も潤したいが、私は少なくともこの本で、個別の熱狂だけは届けたい。読んだ者にとって「何度も手に取りたくなる」味わい深い本となってほしい。片恋の暴発。
その現場を目撃できるのは、現場にいる者だけである。形ばかりの張りぼてではなく、もう一つの葬式、本当の引退試合をやりたいと思って記した。

映画三昧の私は、現実を生きていないとも言われた。だけど、現実を生きていないという君に届けたかった。

敬称や肩書は省くが、ブログ日記の引用をお願いし、また取材でお世話になった細野辰興、長尾洋平、田下啓子、我妻正義、原田聡明、仲田周平、野口紫、吉川隆夫、川畑隆一、南木宙子、そして小平裕。この場を借りてお礼を申し上げます。ありがとうございました。

Vシネマの製作現場から販売会社、卸問屋、末端のレンタルビデオ店、そして一般ユーザーに至るまで、一九八九年に始まるあの時代。表現活動、仕事、営業行為とはいいながらも、ある種、青春の遊技場であり、人生の実験場と化していた。ボーン・イン・ザ・Vシネマ。
大喪の礼バブルと踊り場現象ののち慢性的ジリ貧のなか、この先の時代をどう生きるかについて見当もつかず、見通しもたたず、死に体となって疲弊しながら、ある者は往き、ある者は何とか生き延びた。それが現実であった。
ひとが死んで心塞がないはずがない。

映画館からはみ出た泣き笑い劇場。待っているのは彼らなのか。それとも、私であろうか。

風漏れの点鬼簿。銀色から最も遠く、そして最も眩しい明滅のブルース。無音のスターダスト。

紛れもなくVシネマは現実で、そして映画であった。

さようなら。

行きずりの、苦く切ない弾痕たち。

二〇二二年九月一四日

谷岡雅樹

南木顕生（左）と筆者

著者略歴

谷岡雅樹（たにおか　まさき）

昭和37（1962）年10月20日北海道真狩村生まれ。ノンフィクション作家・映画評論家。北海道立札幌南高等学校卒業。2010年度より『キネマ旬報』ベストテン選考委員。

著書――『Vシネマ魂』（四谷ラウンド、1999年）、『三文ガン患者』（太田出版、2001年）、『女子プロ野球青春譜1950　～戦後を駆け抜けた乙女たち～』（講談社、2007年）、『竜二漂泊　1983　この窓からぁ、なんにも見えねえなあ』（三一書房、2013年）、『ビルメンテナンススタッフになるには』（ぺりかん社、2017年）など。

共著――『増補版・哀川翔 鉄砲弾伝説』（廣済堂文庫、2009年）、『映画業界で働く』（ぺりかん社、2006年）など。

組版・装丁　レアグラフ

V《ぶい》シネマ最期《さいご》の弾痕《だんこん》　～骨《ほね》は雨《あめ》に濡《ぬ》れて～

2022年10月20日　初版第1刷発行

著　者　谷岡　雅樹

発行者　廣嶋　武人

発行所　株式会社ぺりかん社

〒113-0033

東京都文京区本郷1-28-36

TEL 03(3814)8515

URL http://www.perikansha.co.jp/

印刷・製本　モリモト印刷

ISBN978-4-8315-1624-4